中國学術思想 研究輯刊

二一編

林慶彰 主編

第 27 冊

宋代禪宗臨終偈研究（下）

姬天予 著

花木蘭文化出版社

國家圖書館出版品預行編目資料

宋代禪宗臨終偈研究（下）／姬天予 著 ── 初版 ── 新北市：
花木蘭文化出版社，2015〔民 104〕
目 6+152 面；19×26 公分
（中國學術思想研究輯刊 二一編：第 27 冊）
ISBN 978-986-404-067-4（精裝）
1. 偈詩 2. 詩評 3. 禪宗

030.8   103027167

ISBN-978-986-404-067-4

9 789864 040674

中國學術思想研究輯刊
二一編 第二七冊   ISBN：978-986-404-067-4

宋代禪宗臨終偈研究（下）

作　　者　姬天予
主　　編　林慶彰
總 編 輯　杜潔祥
副總編輯　楊嘉樂
編　　輯　許郁翎
出　　版　花木蘭文化出版社
社　　長　高小娟
聯絡地址　235 新北市中和區中安街七二號十三樓
　　　　　電話：02-2923-1455 ／傳眞：02-2923-1452
網　　址　http://www.huamulan.tw 信箱 hml 810518@gmail.com
印　　刷　普羅文化出版廣告事業
封面設計　劉開工作室
初　　版　2015 年 3 月
定　　價　二一編 27 冊（精裝）台幣 50,000 元

宋代禪宗臨終偈研究（下）

姬天予　著

目

次

第八章　宋代臨濟宗楊岐派之臨終偈

　　本章論文首先論述宋代臨濟宗楊岐派之成立及發展，在臨濟宗楊岐派臨終偈的研究上，以佛海慧遠、月林師觀、無門慧開三人爲代表人物；楊岐派大慧宗杲法系之臨終偈，以大慧宗杲、懶庵鼎需、大川普濟三人爲代表人物；楊岐派虎丘紹隆法系之臨終偈，以虎丘紹隆、松源崇嶽、無準師範、癡絕道沖、虛堂智愚、高峰原妙六人爲代表人物。

第一節　宋代臨濟宗楊岐派之成立及發展

　　楊岐派，也稱楊岐宗，中國佛教禪宗五家七宗之一，是臨濟宗一派。楊岐派於宋慶曆年間（1041）爲楊岐方會（992～1049）禪師所創，因方會住袁州（今江西宜春）的楊岐山舉揚一家宗乘而得名。方會在門庭設施上融會臨濟、雲門兩宗的禪風，故慧洪稱方會「提綱振領大類雲門」〔註1〕、「其驗勘鋒機，又類南院（慧顒）」〔註2〕。黃龍以「三關」啓悟學者，而楊岐派則「天縱神悟，善入遊戲三昧，喜勘驗衲子，有尊宿之風。」〔註3〕

　　方會的嗣法弟子12人中，白雲守端（1025～1072）爲上首，守端的門庭極盛，嗣法弟子有五祖法演等12人。法演（1024～1104）得法後因常住蘄州五祖山說法，故稱「五祖法演」，有「中興臨濟」的稱譽。法演門下弟子22人，其中被稱爲「三佛」者爲佛果克勤〔註4〕、佛鑒慧懃、佛眼清遠，「三佛」

〔註1〕宋・惠洪，《禪林僧寶傳》卷第二十八，頁473。
〔註2〕宋・惠洪，《禪林僧寶傳》卷第二十八，頁474。
〔註3〕宋・惠洪，《禪林僧寶傳》卷第二十八，頁478。
〔註4〕因高宗賜號「圜悟禪師」，故又稱「圜悟克勤」。

中又以佛果克勤的影響最大。克勤（1063～1135）得法後應請開法於六祖寺，政和年間（1111～1106）他在荊南遊歷時，因與張商英談《華嚴經》旨要，深得張商英讚賞，張商英即以師禮事之。克勤對雲門宗雪竇重顯的《頌古百則》加以發揮，由門人編成《碧巖錄》，文字禪因此發展到頂鋒。

克勤的法嗣有 75 人，其中以大慧宗杲和虎丘紹隆影響最深遠，分別形成了兩大派系。大慧宗杲（1089～1163）提倡看話禪，他有弟子高達 94 人，均活躍於南宋，但均於數代後衰息。虎丘紹隆（1077～1136）傳天童曇華（1103～1163），曇華又傳天童咸傑（？～1186）。咸傑之後，此系逐漸興盛，宋代以後，楊岐派皆出虎丘紹隆一系。後來黃龍法脈斷絕，楊岐派恢復了臨濟宗的名稱，禪宗史上流傳著「楊岐燈盞明千古」，足見楊岐派流傳的盛況。

楊岐派禪法在宋元時傳入日本，例如松源崇嶽一系的蘭溪道（1213～1278）、破庵祖先一系的兀庵普寧等僧人，把禪法傳到日本，在日本鎌倉時代禪宗二十四派中，有二十派皆出於楊岐法系。

第二節　宋代臨濟宗楊岐派臨終偈的代表人物

楊岐派臨終偈之作者，南嶽下十四世有道初、清素，南嶽下十五世有宗杲、紹隆、慧遠、李彌遜、智才、士珪、道行、法忠、世奇、馮楫，南嶽下十六世有師體、道濟、葛郯、淵，南嶽下十七世有師觀，南嶽下十八世有慧開。（見附錄十二）其中以偈辭世者有士珪的〈臨終偈〉、法忠的〈示寂頌〉、馮楫的〈臨終頌〉，申明宗門大事者有李彌遜的〈偈〉、道行的〈臨終偈〉。道濟的〈辭世頌〉則自述其平生外，也表達著他灑落的歸去。代表人物為佛海慧遠、月林師觀、無門慧開三人。

一、佛海慧遠

（一）佛海慧遠生平

慧遠〔註5〕（1103～1176）十三歲時，隨兄長為求解脫之道，在藥師院宗辯禪師的門下出家，宗辯察覺到慧遠的穎異，便鼓勵他外出參訪叢林。慧遠前往成都大慈寺學習經論，四年後往依靈巖〔註6〕徽禪師門下，稍有契會之

〔註 5〕俗姓彭，四川眉山金流鎮人。
〔註 6〕《南宋元明禪林僧寶傳》卷四作「崖」。

處。後來，他聽說圜悟克勤住在成都的昭覺寺，於是便前往參謁克勤。

　　一日，慧遠聽克勤普說，克勤舉龐居士問馬祖不與萬法爲侶者因緣，慧遠忽然頓悟，仆倒在地上，眾人將他掖扶起來時，慧遠說：「吾夢覺矣。」自此後機峰峻發，無所牴牾，眾人稱他爲「鐵舌遠」。圜悟過世後，慧遠往東游歷諸方名刹，趙令衿、曾開都曾問道於慧遠。〔註7〕慧遠住衢州報恩光孝禪院時，大慧宗杲被貶於梅州，有人將慧遠的詩頌傳給宗杲，宗杲驚駭的說：「老師暮年有子如此也！」於是將圜悟所付的法衣寄給慧遠。

　　慧遠後來居於南臺，又歷住護國、國清、鴻福三寺。孝宗乾道三年（1167），尚書沈介以虎丘寺久廢，便請慧遠前往振興寺風。乾道五年（1169）慧遠奉詔由虎丘遷至皋亭山崇先寺，第二年任杭州靈隱寺住持。孝宗皇帝召慧遠入禁中與之酬酢，〔註8〕其道愈尊，並賜號「佛海大師」。孝宗淳熙三年（1176）卒，年七十四歲。〔註9〕

　　慧遠生平及禪法見於《周文忠集》卷四十〈靈隱佛海禪師遠公塔銘〉、《嘉泰普燈錄》卷第十五、《五燈會元》卷第十九、《補續高僧傳》卷十、《南宋元明禪林僧寶傳》卷四、《佛海慧遠禪師廣錄》。

（二）生死禪法──實悟實修

　　乾道七年（1171）正月二十日，孝宗有旨，令慧遠翌日引見，又降旨二十三日入對於選德殿：

　　　　上曰：「如何免得生死？」奏云：「不悟大乘道，終不能免。」上曰：「如何得悟？」奏云：「本有之性，但以歲月磨之，無不悟者。」
　　　　〔註10〕

〔註7〕　宋‧正受，《嘉泰普燈錄》卷十五，頁605～606：師東下抵淮南，出住蟠龍，遷瑯瑘，又移婺普濟、衢定業。光孝郡王趙公令衿、侍郎曾公開，皆問道於師。

〔註8〕　孝宗召慧遠入禁中與之酬酢之事，依據《佛海慧遠禪師廣錄》卷二，慧遠於淳熙二年四月八日得旨召入內觀堂、乾道七年正月二十三入對選德殿、乾道八年正月二十八日，孝宗車駕靈隱寺、乾道八年八月六日入對觀堂東閣、乾道八年十月三十日受賜「佛海禪師」、乾道九年四月二日召入內觀堂、淳熙元年四月七日召入內觀堂、淳熙元年五月二十九日入內賜食、淳熙二年閏九月九日內賜晚食選德殿。

〔註9〕　以上除注明出處外，主要依據《宋集珍本叢刊》49《周文忠集》卷四十〈靈隱佛海禪師遠公塔銘〉頁103～105，參考《嘉泰普燈錄》卷第十五、《五燈會元》卷第十九、《補續高僧傳》卷十、《南宋元明禪林僧寶傳》卷四。

〔註10〕宋‧齊己等編，《佛海慧遠禪師廣錄》，收入《禪宗集成》15（台北：藝文印

慧遠回答孝宗想要得免生死，就是要悟大乘之道，大乘所言的佛性是眾生本自擁有的，這佛性亦是眾生本來之性。慧遠曾舉雲居祐和尚示眾云：「參學之士，須得悟中發明心地。若悟法身主，盡大地草木，歸依佛法僧。」〔註11〕參學者應該發明自心，了悟自心為萬法之主，方免得生死。

　　禪宗的「自悟本心」，注重實修與實證，而不在言語文字。禪門對公案的探求，與文字禪的流行成為宋代禪宗的特色。末流者將禪朝著文字解析的方向發展，對這樣的流弊，慧遠認為：「說心性，立玄妙，盡是生死根本，於道則遠之遠矣。」〔註12〕淳熙二年（1175）閏九月初九日，孝宗在選德殿賜晚食，他在上奏言及禪病時，說：

> 病在見聞、病在語默、病在情識、病在義路、病在滲漏、病在知解。說得天花亂墜，無有是處。……每見禪和子，先擔一擔禪，纏入門來，如鬥百草相似，不肯放下。〔註13〕

慧遠舉出禪病在於參禪者於心外求禪，不肯放下。他在小參時批評當時參禪風氣的衰亂現象：

> 又有一般人，見人便下棒下喝，瞠眉努目咳嗽，擺坐具打筋斗，畫圓相，繞禪床，作女人拜，只在遮裏，此乃業識茫茫，無本可據，錯認驢鞍橋作阿爺下頷。〔註14〕

慧遠主張參禪務要實參實悟。他在〈答陳郎中〉中說：

> 只要你參須實參，悟須實悟，見須實見。豈可以實法繫綴人耶？不可草草，此乃入佛階級，透脫生死，安敢自欺？……要須是悟，桶底剔脫，方知道元不在言句上。〔註15〕

參禪是入佛階級，透脫生死的大事，本不在言句上。他認為：「道絕名言，名言不是道。法離聞見，聞見不是法。」〔註16〕所以，參禪要離聞見思維。他說：

> 要在腳跟正當，立處孤危，方能抵敵死生。若滯聞見，縱饒隨口便道得出來，也只是聞見。離卻聞見，便作主宰不得。纔涉思惟，又

　　　書館，1968年版）卷二，頁10091。
〔註11〕宋・齊己等編，《佛海慧遠禪師廣錄》卷一，頁10083。
〔註12〕宋・齊己等編，《佛海慧遠禪師廣錄》卷四，頁10118。
〔註13〕宋・齊己等編，《佛海慧遠禪師廣錄》卷二，頁10099。
〔註14〕宋・齊己等編，《佛海慧遠禪師廣錄》卷三，頁10109。
〔註15〕宋・齊己等編，《佛海慧遠禪師廣錄》卷三，頁10115。
〔註16〕宋・齊己等編，《佛海慧遠禪師廣錄》卷三，頁10106。

成剩法。〔註17〕

因爲「纔思惟，即成剩法。纔落陰界，即是生死根本。」〔註18〕聞見思維是生死的根本，不能解脫生死。所以，慧遠要學者實修實悟，實修實悟的方法就是打破知見。他在〈答蘇侍郎〉中說：

> 纔起纖毫，佛法世法，識情聞見，知解隔礙，便云不到。但能把得定作得主，坐斷是非關，釋迦自釋迦，彌勒自彌勒，礙我甚麼事來？直教透頂透底，徹骨徹髓。不依倚一物，不與諸塵作對，亦不起凡聖情量。〔註19〕

對於佛法世法，識情聞見，都不可以起纖毫之念，不倚一物，亦不起凡聖情量，因爲這「瞥爾情生」，就是「萬劫羈鎖」，〔註20〕故而在〈答陳郎中〉中，回答陳郎中北斗藏身句，不在義理言句上聰明解會，他認爲：「須是放下從前滿肚皮惡知惡見，妄情執著，佛法世法，朕跡不留。」〔註21〕

（三）臨終偈

孝宗淳熙二年（1175）的秋天，一天，慧遠上堂示眾：

> 淳熙二年閏季秋九月旦，鬧處莫出頭，冷地著眼看。明暗不相干，彼此分一半，一種作貴人，教誰賣柴炭？向你道不可毀，不可讚，體若虛空沒涯岸，相喚相呼歸去來，記取明年〔註22〕正月半。〔註23〕

慧遠以「不可毀，不可讚，體若虛空沒涯岸」來描述法身，並預說時至的時間爲來年的上元，這個消息就如此的傳揚了出去。到了第二年，慧遠感染微疾，〔註24〕果然在上元節時揮偈辭眾，然後安坐而化。〔註25〕〈臨終偈〉曰：

〔註17〕 宋・齊己等編，《佛海慧遠禪師廣錄》卷三，頁 10121。

〔註18〕 宋・齊己等編，《佛海慧遠禪師廣錄》卷二，頁 10093～10094。

〔註19〕 宋・齊己等編，《佛海慧遠禪師廣錄》卷三，頁 10112。

〔註20〕 宋・齊己等編，《佛海慧遠禪師廣錄》卷三，頁 10114。

〔註21〕 宋・齊己等編，《佛海慧遠禪師廣錄》卷三，頁 10115。

〔註22〕 《五燈會元》卷第十九作「上元定是正月半」。

〔註23〕 宋・正受，《嘉泰普燈錄》卷十五，頁 609～610。

〔註24〕 《南宋元明禪林僧寶傳》卷第四：「至期無疾，陞座如常。」

〔註25〕 以上除注明出處外，主要依據《周文忠集》卷第四十《靈隱佛海禪師遠公塔銘》，參考《嘉泰普燈錄》卷十五、《五燈會元》卷十九、《補續高僧傳》卷十、《南宋元明禪林僧寶傳》卷四。慧遠蓄猿的記載，在《補續高僧傳》卷十、《南宋元明禪林僧寶傳》卷四，以猿行者持卷侍側於慧遠身旁，猿手中的卷策即是臨終偈。

拗折秤鎚，掀翻露布。〔註26〕突出機先，鴉飛〔註27〕不度。〔註28〕
這首臨終之作，前兩句是參究法身的方法，後兩句則是對法身體性的描述。

「拗折秤鎚，掀翻露布」，就是要學人打破知見，實修實證。「秤鎚」、
「露布」都屬於知見，慧遠認爲參禪不可以耽於知見。他在〈小參普說〉中
說：「語默露布，百匝千重，正是倚門傍戶，未爲究竟。」〔註29〕所以「豈
可機境語默中承當，露布葛藤裡折倒」。〔註30〕他曾舉圜悟開悟時之語：「去
卻胸中物，喪盡目前機。」〔註31〕在〈答曾侍郎〉中說：「脫體頓拋無朕跡，
瞎驢從此喪全機。」〔註32〕他認爲要見本來面目（法身），不可以向外作功
夫，而要去除所有外在的知見。所以，他在臨終時，仍殷殷的勸諭學人，要
學人打破知見，不可被知見所縛，方能出得窠窟。

「突出機先，鴉飛不度」，是經過實修實證後，對法身體性的描述。在對
法身體性的描述上，法身有超越性，法身有體有用，他形容法身之體本身是
非相、〔註33〕是無爲、〔註34〕是本無出沒。〔註35〕對法身之體的描述，則突

〔註26〕《隋書志》曰：「後魏每征戰剋捷，欲天下聞知，乃書帛建於漆竿之上，名爲
露布，露布自此始也。其後相因施行。」《通典》亦云爾。《中華百科全書》：
報捷文書也。唐封氏聞見記卷四云：「露布，捷書之別名也，諸軍破賊，則以
帛書建諸竿上，兵部謂之露布。」

〔註27〕見宋·普濟，《五燈會元》卷三，頁131：師侍馬祖行次，見一群野鴨飛過。祖
曰：「是甚麼？」師曰：「野鴨子。」祖曰：「甚處去也？」師曰：「飛過去也。」
祖遂把師鼻扭，負痛失聲。祖曰：「又道飛過去也。」師於言下有省。卻歸侍
者寮，哀哀大哭。同事問曰：「汝憶父母邪？」師曰：「無。」曰：「被人罵邪？」
師曰：「無。」曰：「哭作甚麼？」師曰：「我鼻孔被大師扭得痛不徹。」同事
曰：「有甚因緣不契？」師曰：「汝問取和尚去。」同事問大師曰：「海侍者有
何因緣不契，在寮中哭。告和尚爲某甲說。」大師曰：「是伊會也。汝自問取
他。」同事歸寮曰：「和尚道汝會也，教我自問汝。」師乃呵呵大笑。同事曰：
「適來哭，如今爲甚卻笑？」師曰：「適來哭，如今笑。」同事罔然。

〔註28〕宋·正受，《嘉泰普燈錄》卷第十五，頁610。

〔註29〕宋·齊己等編，《佛海慧遠禪師廣錄》卷三，頁10106。

〔註30〕宋·齊己等編，《佛海慧遠禪師廣錄》卷三，頁10104。

〔註31〕宋·齊己等編，《佛海慧遠禪師廣錄》卷二，頁10091。

〔註32〕宋·齊己等編，《佛海慧遠禪師廣錄》卷四，頁10132。

〔註33〕宋·齊己等編，《佛海慧遠禪師廣錄》卷一，頁10064：「法身非相，相非法
身」。

〔註34〕宋·齊己等編，《佛海慧遠禪師廣錄》卷二，頁10069：「法身無爲，不墮諸
數」。

〔註35〕宋·齊己等編，《佛海慧遠禪師廣錄》卷二，頁10069：「淨法界身，本無出
沒」。

出一個「機」的概念。法身之體是：「覿體全眞，突出難辨。明明絕滲漏，密密無覆藏。千眼莫能窺，萬機窮不到。」〔註36〕，所以「突出萬機」，是慧遠對法身這種「超然千聖外，突出萬機前」〔註37〕的體性之描述。

「鴉飛不度」之公案，是百丈懷海在馬祖道一門下之悟入處，〔註38〕禪家以「鴉飛不度」來形容法身的超諸色塵。例如虛堂智愚禪師曾說：「見不見之形，對揚有準，察不察之色，撈摸無垠。若能轉向那邊，鴉飛不度。」〔註39〕慧遠的「突出機先，鴉飛不度」，正是說明法身是離語言、文字、思量的境界，法身如同虛空，橫遍十方。慧遠的臨終偈即是要學人打破知見，斷除向外馳求之心，以見到自己本來面目，並彰顯法身實相之超越聲色、當體空寂的特性。

二、月林師觀

（一）月林師觀生平

師觀〔註40〕（1143～1217）八歲時牧牛，在鞭叱牛隻時忽然有所領會，於是不再吃葷血之食。十四歲入雪峰山投忠道者出家，後來到荊南二聖寺參學，因爲參趙州狗子話而慧解。二十四歲祝髮受戒，在澧州光孝寺參謁證老衲，並前往閩中叩訪可庵然和尤溪印兩位禪師。證老衲移住饒州薦福寺時，師觀徒步隨從前往，並看「雲門話墮」話十年。一日，師觀在繞著蓮花池時，突然豁然大悟，證老衲予以認可，並把法衣交付給師觀。

據《月林觀禪師語錄》記載，師觀於寧宗嘉泰元年（1201）住平江府蠡口聖因禪院，之後又歷住平江府承天能仁寺、萬壽報恩光孝寺、臨安府崇孝顯親寺、開山湖州報因佑慈寺、平江府靈巖山崇報寺、臨安府西湖澄翠庵、湖州烏回山密嚴禪寺。〔註41〕因其道行爲人所敬服，所以他住持的道場，就被視爲是大叢林。在教法上，他能「垂慈接物，隨其根器示以方便，至室中

〔註36〕 宋・齊己等編，《佛海慧遠禪師廣錄》卷一，頁 10072。
〔註37〕 宋・齊己等編，《佛海慧遠禪師廣錄》卷二，頁 10080。
〔註38〕 《五燈會元》卷三記載，有一次，馬祖見一群野鴨飛過，就問百丈：「是甚麼？」回答：「野鴨子。」馬祖又問：「甚處去也？」百丈說：「飛過去也。」馬祖就扭住百丈的鼻子說鼻：「又道飛過去也。」百丈於言下有省。
〔註39〕 宋・妙源等編，《虛堂智愚禪師語錄》卷三，收入《禪宗集成》16（台北：藝文印書館，1968 年版），頁 10845。
〔註40〕 俗姓黃，福州侯官（福建福州）人。
〔註41〕 宋・法寶等編，《月林師觀禪師語錄》，收入《禪宗集成》14，頁 9641～9657。〈月林觀禪師塔銘〉曰：「六坐道場」，所附〈跋〉作：「七董名山」。

則機鋒峻峭，不可湊泊。」〔註42〕在生活上，師觀「僅以巾鉢自隨，微有不合，倏然去之，未嘗回顧，人多不知其往。芒鞋徒步，至老不變。」〔註43〕對這種灑然的行風，《枯崖漫錄》卷一稱他「性純誠無矯飾」〔註44〕。在陳貴謙所作的〈祭文〉中說：「毆辱怒罵，消融太空。包笠儵然，任性西東。」〔註45〕他卒於寧宗嘉定十年（1217），年七十五歲。〔註46〕

師觀生平及禪法見於《月林師觀禪師語錄》，及所附陳貴謙〈月林觀禪師塔銘〉、《續指月錄》卷二、《續燈存稿》卷一、《續燈正統》卷七。

（二）生死禪法——古今無變異

師觀在生死的禪法上，特別闡示自性的不移不變性。月觀在〈體道銘〉中，說明自性是：「作略這些兒，古今無變異。混沌未分時，早有箇田契。」〔註47〕說明這人人本自具足的自性，是「古今無變異」的。在現實經驗中，時間有來去、季節有變化，但自性不隨時間和季節而改變。〈除夜小參〉：

> 年去年來年年事，日來日往日日新。木人撫掌呵呵笑，一段風光畫
>
> 不成。見便見，莫沈吟。樓上已吹新歲角，堂前猶點舊年燈。〔註48〕

在時間上，會有年去年來、日來日往的流轉，但眾生的自性法身本不來去，並不會隨著時間而變異。又如〈偈〉：

> 去年梅，今年柳，馨香顏色常依舊。不屬陰陽別是春，靈根本是吾
>
> 家有。〔註49〕

去年的梅花今年的柳樹，時間上是有差異的，但在馨香顏色的感知上卻沒有不同。師觀所謂之「靈根」即為自性的發用，是無所變異的。對自性法身「古今無變異」的特性，師觀於上堂時說：

> 此世不移動，彼世不改變。當處發生，隨處滅盡。阿呵呵，見不見。
>
> 秋風一陣來，落葉兩三片。〔註50〕

〔註42〕 宋・法寶等編，《月林師觀禪師語錄》〈月林觀禪師塔銘〉，頁9656。

〔註43〕 宋・法寶等編，《月林師觀禪師語錄》〈月林觀禪師塔銘〉，頁9656。

〔註44〕 卍新纂續藏經，第八十七冊，No. 1613《枯崖漫錄》卷一。

〔註45〕 宋・法寶等編，《月林師觀禪師語錄》〈祭文〉，9655。

〔註46〕 以上除注明出處外，主要依據〈月林觀禪師塔銘〉，頁9655～9656，參考《枯崖漫錄》、《續指月錄》卷二、《續燈存稿》卷一、《續燈正統》卷七。

〔註47〕 宋・法寶等編，《月林師觀禪師語錄》，頁9654。

〔註48〕 宋・法寶等編，《月林師觀禪師語錄》，頁9644。

〔註49〕 宋・法寶等編，《月林師觀禪師語錄》，頁9645。

〔註50〕 宋・法寶等編，《月林師觀禪師語錄》，頁9649。

他除了說明自性的「不移動」、「不改變」之外，並以「堅密身」對自性作進一步的描述。如〈慈懿皇后大祥〉：

　　此世不移動，彼世不改變。惟一堅密身，一切塵中現。〔註51〕

又如〈起龕〉：

　　惟一堅密身，一切塵中現。把住放行，萬化千變。堅禪人，急須薦，

　　西風一陣來，落葉兩三片。〔註52〕

自性是無形的、堅固的，自性永不移動永不改變，在輪迴中隨其緣分於諸方世界中顯現。這種在輪迴中「堅密身」的觀念，也見於他的〈惺惺石〉：

　　惺惺石上坐頻呼，絕後依前又再甦。自古自今無變異，直教覷著眼

　　睛枯。〔註53〕

〈惺惺石〉所說的是僧人圓澤的故事，〔註54〕說明「自古自今無變異」，「此身雖異性長存」〔註55〕的道理，色身雖然在輪迴中不斷的改頭換面，但自性卻是自古自今不曾變異的。他在〈入塔〉說：

　　若能識得心，大地無寸土。脫離絕承當，何處有生死。心上座，須

　　記取，無形本寂寥，能為萬象主。〔註56〕

師觀向往生的心上座開示，要心上座從自性的認取，勘透自性的本無生死，自性雖然無形寂寥，卻在萬象的變化中作為主人。自性之用在輪迴中萬化千變，而自性本體實無去來。在〈承天禮和尚遺書至〉：「去去實不去，來來實不來。」〔註57〕〈和蔣御帶薦閣中三偈〉：「威音那畔絕安排。箇裡何曾有去

〔註51〕宋・法寶等編，《月林師觀禪師語錄》，頁9643。
〔註52〕宋・法寶等編，《月林師觀禪師語錄》，頁9652。
〔註53〕宋・法寶等編，《月林師觀禪師語錄》，頁9654。
〔註54〕袁郊，《甘澤謠》（北京，中華書局，1985年新一版），頁8～10：〈圓觀〉中記述：唐代隱士李源，住在慧林寺，和主持圓澤交好，互為知音。兩人相約去四川峨眉山遊玩，在李源的堅持下，兩人從從長江水路入川。在路上河邊遇到一個懷孕三年的孕婦。圓澤看到這個孕婦就哭了，說他就是因為這個原因不願意走水路，因為他註定要做這個婦人的兒子，現在遇到了就躲不開了，他和李源相約在十三年後杭州三生石初相見。當晚圓澤圓寂，孕婦也順利產子。十三年後，李源如約來到三生石，見到一個牧童唱到「三生石上舊精魂，賞月吟風莫要論。慚愧情人遠相訪，此身雖異性長存。」李源與之相認，牧童說他就是圓澤，但是塵緣未了，不能久留，唱到：「身前身後事茫茫，欲話因緣恐斷腸。吳越江山游已遍，卻回煙棹上瞿塘。」唱完就離開了。
〔註55〕袁郊，《甘澤謠》，頁9。
〔註56〕宋・法寶等編，《月林師觀禪師語錄》，頁9652～9653。
〔註57〕宋・法寶等編，《月林師觀禪師語錄》，頁9643。

來。」〔註58〕上堂時說：「箇裏薦得，便見黃面老子法身常住而不滅也。」〔註59〕都說明著自性是「古今無變異」的。

（三）臨終偈

師觀住在烏回時已有疾病，他說：「桂花開時，吾行矣。」等到桂花盛開時，師觀在四月十三日的清晨，集合眾人為之普說。他拈起拄杖說：「有拄杖與拄杖，無拄杖奪拄杖，眾中莫有會底，出來道看。」眾人聽到後，都沒有人應對。師觀便擲下拄杖說：「高著眼。」接著他便端坐至更盡，然後向左右的侍者說：「釋迦老子也如是，吾亦如是。」這時，侍者懇請師觀留偈，師觀於寫完偈後置筆而逝。〔註60〕其〈臨終偈〉：

> 來時無蹤，去時無跡。七十五年，青天霹靂。〔註61〕

師觀在生死禪法中，重視「古今無變異」的道理，這自性除了「無變異」外，也是本無形相，無方所內外，不可覓求，亦無生死去來之相的，故而以「來時無蹤，去時無跡」，來描述自性的本不動搖。

自性與虛空同壽，不同於色身，所以，這七十五年的生命，只是此一色身的年壽。對此一色身的生滅，師觀以「青天霹靂」來形容。「青天霹靂」乃指色身無常，瞬間消殞，有如在青天中的一聲激雷一般，轉眼無處尋覓的意思，是「當處發生，隨處滅盡」〔註62〕的。從枯崖圓悟之所贊：「處死生如雲行鳥飛，初無留礙。烏回夏中入滅，桂盛開如其言，此尤見其超絕奇瑞明驗處。」〔註63〕可以看出師觀面對生死的風範。

三、無門慧開

（一）無門慧開生平

慧開〔註64〕（1183～1260）最初禮敬天龍肱和尚為受業師，聽說月林師

〔註58〕宋・法寶等編，《月林師觀禪師語錄》，頁9653。
〔註59〕宋・正受編，《嘉泰普燈錄》卷十五，頁《月林師觀禪師語錄》，頁9648。
〔註60〕依據宋・正受編，《嘉泰普燈錄》卷十五，頁《月林師觀禪師語錄》〈月林觀禪師塔銘〉，頁9656。
〔註61〕宋・法寶等編，《月林師觀禪師語錄》，頁9650。
〔註62〕宋・法寶等編，《月林師觀禪師語錄》，頁9649。
〔註63〕卍新纂續藏經，第八十七冊，No. 1613《枯崖漫錄》卷一。
　　　http://cbeta.org/result/normal/X87/1613_001.htm
〔註64〕俗姓梁，杭州（今浙江）人。

觀禪師在萬壽寺說法，於是前往參謁師觀，並在師觀門下參看無字，經過六年仍沒有入處，於是奮志尅責自己：「若去睡眠，爛卻我身。」他每到困倦時，就繞廊行走，遇到昏沉時，則以頭來磕撞柱子。一日，慧開站在法座邊，聽到齋鼓的聲音而忽然有所省悟，作〈六年舉無字一日聞齋鼓有省〉：

> 青天白日一聲雷，大地群生眼豁開。萬象森羅齊稽首，須彌𨁝跳舞三臺。〔註65〕

慧開於寧宗嘉定十一年（1218）入住湖州報因寺，後歷住隆興府天寧寺、黃龍崇恩寺、平江府靈巖顯親崇報寺、隆興府翠巖廣化寺、再住黃龍崇恩寺、鎮將府焦山普濟寺、平江府開元寺、建康府保寧寺，理宗淳祐六年（1246）奉旨開山護國仁王寺。〔註66〕理宗淳祐七年（1247）〔註67〕入朝起居奉旨，因曾於大旱奉召祈雨得雨，被賜以金縷伽梨〔註68〕及「佛眼禪師」之號。〔註69〕景定元年（1260）卒，年七十八歲。〔註70〕

　　慧開生平及禪法見於《補續高僧傳》卷十九、《五燈全書》卷 53、《五燈會元續略》卷二、《增集續傳燈錄》卷二、《續傳燈錄》卷三十五、《無門慧開禪師語錄》二卷、《禪宗無門關》一卷。

（二）生死禪法──參「無」字、虛空即法身

1. 參「無」字

　　慧開〈告香普說〉：「參禪一著要敵生死，不是說了便休。參禪一著單明大道，朝聞夕死可矣。」〔註71〕參禪是為了了脫生死。慧開在師觀門下，以參「無」字而開悟，故而在普說時，教示參禪者要參一個「無」字：

> 這一箇無字單提獨弄，參這一箇無字，成佛底如雨點，信不及者虛

〔註65〕明・釋明河，《補續高僧傳》卷十九，收入《續修四庫全書》1283（上海：上海古籍出版社，1999），頁 273。

〔註66〕明・文琇，《增集續傳燈錄》卷二，收入《中國燈錄全書》5，頁 772。

〔註67〕根據宋・普敬等錄，《無門慧開禪師語錄》，收入《禪宗集成》14（台北：藝文印書館，1968 年版），頁 9671。

〔註68〕即「金襴袈裟」，以金縷織成之袈裟。

〔註69〕《五燈全書》卷 53，收入《中國燈錄全書》12，頁 471。

〔註70〕以上除注明出處外，主要依據明・釋明河：《補續高僧傳》卷十九，參考《五燈全書》卷 53、《五燈會元續略》卷二、《增集續傳燈錄》卷二、《續傳燈錄》卷三十五。

〔註71〕宋・普敬等錄，《無門慧開禪師語錄》，頁 9677。

> 度時光。參禪別無華巧，祇是通身要起箇疑團，晝三夜三切莫間斷，
> 久久純熟，自然內外打成一片，便與虛空打成一片，便與山河大地
> 打成一片，便與四維上下打成一片。〔註72〕

從這一段對生死解脫的說法，說明參禪的方法別無華巧，只在參一個「無」
字，讓自己不間斷的在晝夜中生起疑團。他在〈小參〉時說：

> 老拙亦有一偈舉似諸人，不敢說道理。若也信得及、舉得熟，於生
> 死岸頭得大自在。無無無無無無無無無無無無無無無無無無無無。
>
> 〔註73〕

參「無」字的功夫若能「信得及、舉得熟」，便能了脫生死，於生死岸得大自
在。在參「無」字時，慧開說明參的方法，以及經過的歷程：

> 只如僧問趙州狗子還有佛性也無？州云無。且道古人意作麼生，便
> 好向者裏起箇疑團參箇無字。不得向舉起處承當，不得向意根下卜
> 度，不得作有無之無，不得作無無之無。但恁麼舉，舉來舉去，如
> 咬生鐵橛相似。但覺心頭熱悶不得放捨，求生不得，求死不得。眠
> 不得，坐不得。咬來咬去驀然齒折鐵碎，開口不在舌頭上，便見祖
> 關不透而自透，心路不絕而自絕，便乃與古佛同一方便，共一舌頭。
>
> 〔註74〕

參禪者在參禪時，要起疑情，在大疑之下必有大悟。他開示參「無」字時，
要懂得參究時的作意，他形容這種參透祖關，是一段求生死不得、眠坐不得
的過程，當驀然心開時，自可證得自性與古佛無異。

2. 虛空即法身

「虛空」在慧開的語錄中有兩個意義：一為空間義，一為法身義。在空
間義上，所謂「虛空」是一切法存在的處所，其特徵是無礙與無障。例如他
上堂舉臨濟示眾云：「四大色身不解說法聽法，脾胃肝膽不解說法聽法，虛空
不解說法聽法。」「掀翻大地，打破虛空，口吞佛祖，凌蔑宗風。」都是處所
的空間意。在法身義上，法身無色無形，含攝一切萬有，有如虛空。七祖婆
須蜜的〈付法偈〉說：「心同虛空界，示等虛空法。」〔註75〕黃蘗山斷際禪師

〔註72〕宋·普敬等錄，《無門慧開禪師語錄》，頁9673。
〔註73〕宋·普敬等錄，《無門慧開禪師語錄》，頁9679。
〔註74〕宋·普敬等錄，《無門慧開禪師語錄》，頁9676～9677。
〔註75〕南唐·靜筠編，《祖堂集》卷第一，頁49。

希運撰述《傳心法要》：

> 言佛眞法身猶若虛空，此是喻法身即虛空，虛空即法身。常人謂法
> 身遍虛空處，虛空中含容法身，不知法身即虛空，虛空即法身也。
> 若定言有虛空，虛空不是法身；若定言有法身，法身不是虛空。但
> 莫作虛空解，虛空即法身；莫作法身解，法身即虛空。〔註76〕

《傳心法要》說「法身即虛空，虛空即法身」是比喻的說法。慧開教示參「無」
字，便能見道，便能參透「本來面目」，這「本來面目」即是法身，而法身充
塞於虛空。慧開說：

> 豈不見道，盡大地是學人自己，盡大地是箇解脫門，盡大地是沙門
> 一隻眼，盡大地撮來如粟米粒。心包太虛，量周沙界。空生大覺中，
> 如海一漚發。東弗于逮、西瞿耶尼、南瞻部洲、北鬱單越，上至非
> 非想天，下至風輪水際，不消一箇咳嗽，周匝有餘。〔註77〕

又如：

> 黃龍有一所莊，曾到者未舉先知落處，未曾到者，今朝說箇樣子，
> 也要大家委悉。東至東弗于逮，西至西瞿耶尼，南至南瞻部洲，北
> 至北鬱單越。〔註78〕

慧開以四個方位的處所，形容法身充塞於十方虛空。法身不但充塞於十方虛
空，而且能夠變化。慧開〈護國嗣本長老請贊〉中說：

> 法身無相，徒更形容。本來面目，逼塞虛空。浩蕩十方能變化，行
> 看九萬自摶風。〔註79〕

法身無形無相，其體充滿虛空，除此之外，慧開更用莊子〈逍遙遊〉中的「大
鵬摶風九萬」，來形容法身的變化和浩蕩。

（三）臨終偈

理宗景定元年（1260）三月，慧開向履齋〔註80〕丞相及諸府第朝士辭別，
履齋問慧開何日去？慧開回答在佛生日之前。四月一日，慧開命工人砌塔，

〔註76〕唐・希運，《傳心法要》，收入《中國禪宗大全》（高雄：麗文文化公司，1994
　　　　年5月），頁201。
〔註77〕宋・普敬等錄，《無門慧開禪師語錄》卷下，頁9673～9674。
〔註78〕宋・普敬等錄，《無門慧開禪師語錄》卷上，頁9663。
〔註79〕宋・普敬等錄，《無門慧開禪師語錄》卷下，頁9685。
〔註80〕吳潛（1195年～1262年），字毅夫，號履齋，寧國（今屬安徽）人。淳祐十
　　　　一年（1251年）入京爲參知政事，授右丞相兼樞密使。

到了初六日晚上，他問工匠是否已經完工，工匠回答已經做完。初七的早上，工人來請慧開看塔，慧開於看塔後回到方丈，索取紙筆，自己撰寫龕語：

> 地水火風，夢幻泡影。七十八年，一彈指頃。孝子順孫休戀慕，八臂那吒攔不住。寶所在近，休戀化城。〔註81〕

慧開在龕語中說，七十八年的生命，只是地水火風一彈指間的聚合，短暫虛妄如夢幻泡影一般。「八臂那吒攔不住」表示出他當行則行，對虛妄的現實視若「化城」〔註82〕一般，毫無留戀之意。起入塔語曰：

> 東西十萬，南北八千。到處去來，不如在此。此之描不成兮畫不就，贊不及兮休生受。本來面目露堂堂，外面風頭稍硬，歸來暖處商量。法身遍界不曾藏，毒惡聲名播大唐。〔註83〕

起入塔語中以「描不成兮畫不就，贊不及兮休生受」來描述本來面目，說明本來面目遍滿法界不曾覆藏的特性。慧開又書偈辭世，寫完臨終偈後跏趺而逝。〔註84〕〈辭世偈〉曰：

> 虛空不生，虛空不滅。證得虛空，虛空不別。〔註85〕

慧開的臨終偈中，四句均不離虛空。臨終偈的前兩句，言法身之體不生不滅，而臨終偈的三四句，則說明證及法身後，則可知法身的無分別性。對於法身的無分別性，慧開曾在〈告香普說〉中說：

〔註81〕 宋·普敬等錄，《無門慧開禪師語錄》卷下，頁9685。
〔註82〕 《佛學大辭典》：化城者，一時化作之城郭也。其喻意以一切眾生成佛之所爲寶所，到此寶所，道途悠遠險惡，故恐行人疲倦退卻，於途中變作一城郭，使之止息，於此處養精力，遂到寶所，佛欲使一切眾生到大乘之至極佛果，然以眾生怯弱之力，不能堪之，故先說小乘涅槃，使一旦得此涅槃，姑爲止息，由此更使發心進趣眞實之寶所也。然則小乘之涅槃，爲一時止息而說，是佛之方便也。文曰：「譬如五百由旬，險難惡道，曠絕無人，怖畏之處。若有多眾，欲過此道至珍寶處。有一導師，聰慧明達，善知險道通塞之相。將導眾人，欲過此難。所將人眾，中路懈退。白導師言：我等疲極，而復怖畏，不能復進。前路猶遠，今欲退還。導師多諸方便，（中略）於險道中，過三百由旬，化作一城。（中略）是時疲極之眾，心大歡喜，歎未曾有。（中略）爾時導師，知此人眾既得止息無疲倦，即滅化城，語眾人言：汝等去來。寶處在近向者大城，我所化作，爲止息耳。」
http://zh.wikisource.org/wiki/%E4%BD%9B%E5%AD%B8%E5%A4%A7%E8%BE%AD%E5%85%B8/%E5%8C%96%E5%9F%8E%E5%96%BB%E5%93%81
〔註83〕 宋·普敬等錄，《無門慧開禪師語錄》卷下，頁9685。
〔註84〕 依據宋·普敬等錄，《無門慧開禪師語錄》卷下末附〈行實〉，頁9685。
〔註85〕 宋·普敬等錄，《無門慧開禪師語錄》卷下，頁9685。

> 若向箇裡見得，無三界可出，無涅槃可證。情與非情同成正覺，地
> 獄天堂皆爲淨土，智慧愚痴通爲般若，諸戒定慧及淫怒痴俱是梵
> 行，靜鬧閑忙頭頭合轍。〔註86〕

「若向箇裡見得」即是證見法身，見到自己的本來面目，也就是臨終偈的「證
得虛空」，當證得虛空時，接下來說的「無三界可出，無涅槃可證，……」
等，即是「虛空不別」的證境。《無門慧開禪師語錄》程許序中說：「爭知這
老漢一似太虛空，兩忘是非，何有慍喜，遊戲如幻三昧，撈攎有緣眾生。」
〔註87〕這是對慧開生平的評讚，其中「一似太虛空」，也正符合慧開臨終偈
的禪旨。

第三節　宋代臨濟宗楊岐派大慧宗杲法系臨終偈的代表人物

臨濟宗楊岐派大慧宗杲法系臨終偈之作者中，南下十五世有宗杲，南下
十六世有鼎需，南下十八世有普濟（見附錄十三）。臨終偈之代表爲大慧宗
杲、懶庵鼎需、大川普濟三人。

一、大慧宗杲

（一）大慧宗杲生平

釋宗杲〔註88〕（1089～1163）十三歲〔註89〕入鄉校，一日和同學遊戲，
硯台誤擲老師的帽子，他付了償金回家，心想：「大丈夫讀世間書，曷若究出
世法？」於是於崇寧三年（1104）到寧國縣東山慧雲院，禮敬慧齊爲師，於第
二年落髮受具足戒。因偶然閱讀到《古雲門錄》，便往依廣教珵禪師，並參訪
名師，得曹洞之禪旨。〔註90〕徽宗大觀三年（1109）宗杲到泐潭寶鋒山（今
江西靖安縣）謁見湛堂文準禪師，文準對宗杲特別器重，並於病危之時，囑
咐宗杲要投師到圓悟克勤的門下。文準去世後，宗杲參訪張商英，請張商英

〔註86〕宋‧普敬等錄，《無門慧開禪師語錄》卷上，頁9674。
〔註87〕宋‧普敬等錄，《無門慧開禪師語錄》，9658。
〔註88〕俗姓奚，宣州寧國（今安徽宣城）人。
〔註89〕《五燈會元》曰年十二，《嘉泰普燈錄》十五、《僧寶正續傳》六、《大慧普覺
禪師年譜》皆曰十三。
〔註90〕宋‧普濟，《五燈會元》卷第十九，頁1272。

爲文準寫塔銘，受到張商英的稱譽，贈宗杲以「妙喜」爲號，以「曇晦」爲字，也勉勵他去見圜悟克勤。宣和六年（1124），圜悟克勤奉召從蔣山到開封住持天寧萬壽寺，宗杲投到他門下，於克勤門下有悟，〔註91〕得到克勤的認可。克勤對他非常賞識，便讓他擔任書記之職，並命他分座訓徒，宗杲常握著竹篦以驗學者，爲叢林所推重。〔註92〕

靖康元年（1126）欽宗賜宗杲紫衣及「佛日大師」的名號，金朝要宋朝選送十位禪師到金地傳法，並以宗杲爲首選，宗杲因「不少屈」〔註93〕而獲免。及至徽、欽二宗被擄北去，宗杲隨著克勤南下。建炎四年（1130）克勤回四川，宗杲在贛閩兩地傳法。之後因避盜賊遷往湖湘，又於紹興四年（1134）作「七閩」之行，並經常批評默照禪，而提倡看話禪。紹興七年（1137）宗杲應請前往徑山能仁禪院擔任住持，被認爲是「宗風大振，號臨濟再興」。〔註94〕

紹興十一年（1141）於上堂時說偈，表達他對張九成的讚頌，〔註95〕因此得罪了秦檜，追繳宗杲的度牒，迫令他穿俗服，強制編管於衡州。在衡州十年間，因爲多與士大夫論道，所以「爲趨時者巧加誣訕之語」，〔註96〕再被秦檜黨羽移往梅州。宗杲的弟子「皆爲法忘軀之士」〔註97〕，對宗杲追隨不棄。當時到達梅州有一百多人，六年後他回歸時，因病死在當地者達六十三人。〔註98〕

紹興二十五年（1155）秦檜死，翌年宗杲在東山寺恢復僧服，並受朝旨

〔註91〕 宋・普濟，《五燈會元》卷第十九，頁 1273：悟每舉「有句無句，如藤倚樹」問之。師纔開口，悟便曰：「不是，不是。」經半載，遂問悟曰：「聞和尚當時在五祖曾問這話，不知五祖道甚麼？」悟笑而不答。師曰：「和尚當時須對眾問，如今說亦何妨。」悟不得已，謂曰：「我問有句無句，如藤倚樹，意旨如何？祖曰：描也描不成，畫也畫不就。又問樹倒藤枯時如何？祖曰：相隨來也。」師當下釋然，曰：「我會也。」悟遂舉數因緣詰之，師酬對無滯。悟曰：「始知吾不汝欺。」

〔註92〕 宋・普濟，《五燈會元》卷第十九，頁 1273。

〔註93〕 宋・祖詠編，《大慧普覺禪師年譜》收入《大慧禪師語錄》（高雄：佛光出版社，1994 年 12 月），頁 648。

〔註94〕 宋・祖詠編，《大慧普覺禪師年譜》，頁 668～669。

〔註95〕 宋・祖詠編，《大慧普覺禪師年譜》，頁 674：「神臂弓一發，透過千重甲。子細拈來看，當甚臭皮襪。」

〔註96〕 宋・祖詠編，《大慧普覺禪師年譜》，頁 683。

〔註97〕 宋・祖詠編，《大慧普覺禪師年譜》，頁 684。

〔註98〕 宋・祖詠編，《大慧普覺禪師年譜》，頁 687。

任阿育王寺住持，又於紹興二十八年（1158）奉旨住持徑山寺。此時宋孝宗受封爲普安郡王，請宗杲舉行法會，宗杲獻偈表達期勉之意。紹興三十年（1160）孝宗被立爲皇子，封爲建王，請宗杲上堂說法，宗杲說偈以獻建王，建王回贈以手寫「妙喜庵」。紹興三十一年（1161），宗杲退位，住進養老之居「明月堂」，孝宗即位後賜予「大慧禪師」之號。宗杲卒於孝宗隆興元年（1163），年七十五歲。〔註99〕

宗杲生平和禪法見於〈大慧普覺禪師塔銘〉、《大慧普覺禪師年譜》、《僧寶正續傳》卷六、《聯燈會要》、《嘉泰普燈錄》卷第十五、《五燈會元》卷第十九、《大慧禪師語錄》等書籍。

（二）宗杲的生死禪法 ── 生大死大、參話頭、本無生死

大慧宗杲提倡所謂的話頭禪，要人參趙州禪師的無字話頭，他鼓勵學者起疑情以參究公案，並大力排斥當時流行的默照禪。宗杲的生死禪法可分生大死大、參話頭、本無生死。

1. 生大死大

佛家以爲世事無常，世間一切現象皆無法久住，人生數十載，彈指即過，生死大事，須當預辦，故「生死大事」常爲宗杲開示人的警語。宗杲自謂：「走遍天下叢林，意圖出離生死。」〔註100〕他說：

> 妙喜自十七歲便疑著此事，恰恰參十七年，方得休歇。未得已前，
> 常自思惟，我今已幾歲，不知我未託生來南閻浮提時，從甚麼處來，
> 心頭黑似漆，並不知來處。既不知來處，即是生大。我百年後死時，
> 卻向甚麼處去，心頭依舊黑漫漫地，不知去處。既不知去處，即是
> 死大，謂之無常迅速，生死事大。〔註101〕

宗杲自十七歲便疑著生死問題，不知生從何來？也不知死往何去，認爲「無常迅速，生死事大」是人生的大事。一次，宗杲問人未生以前畢竟在甚麼處？人曰不知。宗杲說：

> 你若不知，便是生大。今生且限百歲，百歲後，你待飛出三千大千
> 世界外去，須是與他入棺材始得。當爾之時，四大五蘊一時解散，

〔註99〕　依據宋・祖詠編，《大慧普覺禪師年譜》，頁 621～706，並參考《五燈會元》、《僧寶正續傳》、《嘉泰普燈錄》。

〔註100〕宋・祖詠編，《大慧普覺禪師年譜》，頁 668。

〔註101〕宋・雪峰蘊聞編，《大慧禪師語錄》卷十六（高雄：佛光出版社，1994 年 12月），頁 337。

有眼不見物，有耳不聞聲，有箇肉團心分別不行，有箇身火燒刀斫
都不覺痛。到這裏，歷歷孤明底卻向甚麼處去？……你既不知。便
是死大。故曰無常迅速，生死事大。〔註102〕

對於生從何來、死向何處去的問題，宗杲曾多次舉示，如：

生從何處來？死向何處去？知得來去處，方名學佛人。知生死底是
阿誰？受生死底復是阿誰？不知來去處底又是阿誰？忽然知得來去
處底又是阿誰？看此話，眼眨眨地理會不得，肚裏七上八下，方寸
中如頓卻一團火相似底又是阿誰？若要識，但向理會不得處識取。
若便識得，方知生死決定不相干涉。〔註103〕

宗杲認為要知道來去之處才是學佛的人，學佛者就是要參究我這受生受死者
究竟是誰？若能識得出自己的本來面目，就能了悟「生死決定不相干涉」的
道理。因為「無常迅速，生死事大，彈指便是來生到來」〔註104〕，所以他要
學人「時時提撕」〔註105〕、「時時以生死為念」〔註106〕。他說：「若不把生死
兩字貼在鼻間上作對治，則直待臘月三十日手忙腳亂，如落湯螃蟹時，方始
知悔則遲也。」〔註107〕宗杲〈示永寧郡夫人〉中說：

既知無常迅速，生死事大，決欲親近善知識，孜孜矻矻，不捨晝夜，
常以生死二字貼在額頭上。茶裏飯裏，坐時臥時，指揮奴僕時，幹
辦家事時，喜時怒時，行時住時，酬酢賓客時，不得放捨，常常恰
似方寸中有一件緊急未了底事礙塞，決欲要除，屏去教淨盡，方有
少分相應也。〔註108〕

既然知道無常迅速生死事大，想要了脫生死，便要將生死當作心中一件緊要
的事，在生活中無時無處都要繫念著。宗杲認為：「能知慚愧，回心向道，學
出世間脫生死法，又是世間第一等討便宜底人。」〔註109〕為了教導學人學「出
世間脫生死法」，宗杲則提倡「參話頭」以為解脫生死之道。

〔註102〕宋・雪峰蘊聞編，《大慧禪師語錄》卷十七，頁368。
〔註103〕宋・雪峰蘊聞編，《大慧禪師語錄》卷十九，頁391。
〔註104〕宋・雪峰蘊聞編，《大慧禪師語錄》卷十八，頁375。
〔註105〕宋・雪峰蘊聞編，《大慧禪師語錄》卷二十二，頁455。
〔註106〕宋・雪峰蘊聞編，《大慧禪師語錄》卷二十，頁419。
〔註107〕宋・雪峰蘊聞編，《大慧禪師語錄》卷十九，頁400。
〔註108〕宋・雪峰蘊聞編，《大慧禪師語錄》卷二十二，頁442。
〔註109〕宋・雪峰蘊聞編，《大慧禪師語錄》卷二十六，頁519。

2. 參話頭

宗杲大力提倡參話頭，他對當時學習言句和靜坐默照都不表贊同，處處批駁。他說：「邪師說法，如惡叉聚。……故某每每切齒於此，不惜身命，欲扶持之，使光明種子知有吾家本分事，不墮邪見網中。」〔註110〕宗杲認爲參話頭才是最佳參禪途徑，他認爲造成人生死的根本在於「心意識」，他說：「意解識想，生死根本。」〔註111〕又說：「蓋心意識乃思量分別之窟宅。」〔註112〕在〈示羅知縣〉中：「心意識之障道，甚於毒蛇猛獸。」〔註113〕在〈答王教授〉中說：

> 衆生無始時來爲心意識所使，流浪生死，不得自在。果欲出生死，
> 作快活漢，須是一刀兩段，絕卻心意識路頭，方有少分相應。故永
> 嘉云：「損法財，滅功德，莫不由茲心意識。」〔註114〕

宗杲認爲衆生由於心意識所使，所以流浪生死不得自在。果欲出脫生死，便是要絕卻心意識，要絕卻心意識，則要參話頭。

　　參話頭的內容有參竹篦子話、參「露」、參「乾屎橛」。除此之外，宗杲多教人參趙州狗子無佛性之「無」字話頭。爲避免落入默照的窠臼，以及語言文字中，參無字話頭給人另一悟入的契路。參禪是爲了了生死，故宗杲主張「參趙州狗子無佛性」之話頭：

> 疑生不知來處，死不知去處底心未忘，則是生死交加。但向交加處
> 看個話頭：僧問趙州和尚：「狗子還有佛性也無？」州云：「無。」
> 但將這疑生不知來處，死不知去處底心移來無字上，則交加之心不
> 行矣。交加之心既不行，則疑生死來去底心將絕矣。〔註115〕

對生從何來、死向何處的未忘之心，就是生死交加之處。宗杲要學人把這生不知來處、死不知去處的疑念，移至「狗子還有佛性也無」的「無」處參究，這個「無」要能敵得生死。在〈示妙心居士〉中說：

> 只這一字，便是斷生死路頭底刀子也。妄念起時，但舉個無字，舉

〔註110〕宋・雪峰蘊聞編，《大慧禪師語錄》卷二十九，頁585。
〔註111〕宋・雪峰蘊聞編，《大慧禪師語錄》卷十八，頁278。
〔註112〕宋・雪峰蘊聞編，《大慧禪師語錄》卷二十，頁411。
〔註113〕宋・雪峰蘊聞編，《大慧禪師語錄》卷二十，頁417。
〔註114〕宋・雪峰蘊聞編，《大慧禪師語錄》卷二十九，頁577。
〔註115〕宋・雪峰蘊聞編，《大慧禪師語錄》卷二十三，頁475。

來舉去，驀地絕消息，便是歸家穩坐處也，此外別無奇特。〔註116〕

宗杲認為參「無」這一個字，便是斷生死的方法。當妄念起來時，就要舉個「無」字，經過一番功夫，自然可以見到自家本來面目。在參「無」字時，宗杲強調「提撕」的功夫。他說：

> 提撕來提撕去，沒滋味，心頭恰如頓一團熱鐵相似，那時便是好處，
> 不得放捨。忽然心華發明，照十方剎，便能於一毛端現寶王剎，坐
> 微塵裏轉大法輪。〔註117〕

經過參話頭的過程，參到「心頭恰如頓一團熱鐵相似」，這時仍不能放捨，對這樣的進程，在《宗範》卷一，對這參悟的過程有精彩的描寫：

> 打又打不破，捨又捨不得，正是得力時，切勿放鬆改轍，這便是吞
> 栗棘蓬、跳金剛圈、銅牆鐵壁。忽然嘩地一聲，不覺死中得活，慶
> 快平生，便能與從上佛祖把手並肩，同一鼻孔出氣。〔註118〕

對這樣「忽然嘩地一聲」開悟的時節，在宗杲的語錄中，常以參到「驀地絕消息」〔註119〕、「驀地於無所受處」〔註120〕作為形容。參禪為脫生死，一旦參悟本不生滅的本來面目，自可打破生死疑情，受大自在。

3. 本無生死

參話頭是為了開悟，對於悟後的境界，宗杲在〈答呂社人〉中說：

> 悟時亦無時節，亦不驚群動眾，即時怗怗地，自然不疑佛不疑祖，
> 不疑生不疑死，得到不疑之地，便是佛地也。〔註121〕

經過參話頭而開悟時，自然不疑生不疑死，因為佛地上「無生無死」。開悟後所見到自己的「本來面目」是：

> 則無時無節，無古無今，無凡無聖，無得無失，無靜無亂，無生無
> 死。〔註122〕。

宗杲在能仁禪院時，一次浴佛節上堂說偈：

〔註116〕宋・雪峰蘊聞編，《大慧禪師語錄》卷二十二，頁442。
〔註117〕宋・雪峰蘊聞編，《大慧禪師語錄》卷十七，頁369。
〔註118〕卍新纂續藏經，第六十五冊，No. 1283《宗範》卷一。
　　　　http://www.cbeta.org/result/normal/X65/1283_001.htm
〔註119〕宋・雪峰蘊聞編，《大慧禪師語錄》卷二十二，頁442。
〔註120〕宋・雪峰蘊聞編，《大慧禪師語錄》卷二十一，頁432。
〔註121〕宋・雪峰蘊聞編，《大慧禪師語錄》卷二十八，頁567。
〔註122〕宋・雪峰蘊聞編，《大慧禪師語錄》卷二十六，頁535。

藍毘園裏不曾生，雙林樹下何曾滅。不生不滅見瞿曇〔註123〕，眼中

又是重添屑。〔註124〕

佛陀生於藍毘園，入滅於娑羅雙樹間，這是世俗的說法。但依實相來說，生死是虛妄之相，離妄想、離執著，眾生的本來面目是「淨倮倮、明歷歷」的，是「昔日雖生，本不曾生；今日雖滅，本不曾滅」〔註125〕的。佛陀本無生滅，甚至連對佛陀「不生不滅」的這個觀念都是多餘的。宗杲認為只要識得自己本性，就可知道本無生死的道理，自然也就可以不被生死所轉。

（三）臨終偈

孝宗隆興元年（1163）七月初十早上，宗杲親自書寫遺奏給孝宗，及作丞相張公德遠書，以端石硯寄給丞相湯進之，除了辭別之意外，也懇囑他們能夠外護禪宗。其後又以文字指示弟子，在喪禮上不得超過平常的禮儀，亦不得跟世俗一樣披麻戴孝，慟哭過於常情，並勉勵弟子要更堅持願力，報答佛祖深恩。這時侍者了賢等人請偈，宗杲厲聲說：「無偈便死不得也！」在大眾求告懇切之下，宗杲不得已書寫一偈，交付給了賢，並呈告大眾，然後就寢而逝。〔註126〕其〈臨終頌〉：

生也只恁麼，死也只恁麼。有偈與無偈，是甚麼熱〔註127〕大。

〔註128〕

宗杲十七歲時，便開始參究生死之事，走遍天下叢林，就是為了出離生死。他提倡參話頭，亦是教導學人了脫生死之道，讓學人契證這「生亦只如是，死亦只如是」〔註129〕的生命實相。臨終之時，他本來不想寫偈，但是由於弟子的懇請，所以在這首偈中，他向門人重申這生死一如的禪法，既然生死本來就只是如此，所以臨終時的有偈與無偈，又是甚麼大不了的事呢。

〔註123〕瞿曇（Gotama）：釋尊俗家的古代族姓。

〔註124〕宋‧雪峰蘊聞編，《大慧禪師語錄》卷二，頁44。

〔註125〕宋‧雪峰蘊聞編，《大慧禪師語錄》卷十六，頁343。

〔註126〕宋‧祖詠編，《大慧普覺禪師年譜》，頁702～703。

〔註127〕據《大慧禪師語錄》中，「熱」的用語有「熱忙」見於《大慧禪師語錄》295、586，「熱大不緊」見於《大慧禪師語錄》476。

〔註128〕宋‧祖詠編，《大慧普覺禪師年譜》，頁703。

〔註129〕宋‧雪峰蘊聞編，《大慧禪師語錄》卷二十二，頁567頁：佛亦只如是，祖亦只如是，悟亦只如是，迷亦只如是，疑亦只如是，生亦只如是，死亦只如是，日用塵勞中亦只如是。

宗杲從懷疑如何有生死，進而如何出生死，再進而明白本無生死，他並以參話頭教導學人了脫生死。他在臨終所寫的偈子，不但是他契證從無量劫來，畢竟未曾生；從今已去，亦畢竟無人死的實相，這也是他生死禪法的精要。

二、懶庵鼎需

（一）懶庵鼎需生平

鼎需〔註130〕（1092～1153）幼年舉進士，有聲名。在二十五歲時讀《遺教經》，忽然說：「幾爲儒冠誤！」他想要離家，他的母親以迎親在期爲難他。鼎需說：「夭桃紅杏，一時分付春風。翠竹黃花，此去永爲道伴。」於是依投在保壽寺的樂禪師門下出家爲比丘，並徧參叢林名宿。十多年後歸返鄉里，在羌峰絕頂之處結庵居住，三年不下山，〔註131〕及後佛心才禪師挽請鼎需出山，領眾於鹿溪。〔註132〕

紹興初年，大慧宗杲來到洋嶼，鼎需前往參謁。據《五燈會元》卷二十，大慧宗杲舉：「僧問馬祖：『如何是佛？』祖云：『即心是佛。』作麼生？」鼎需回答後，宗杲即詬罵鼎需說：「你見解如此，敢妄爲人師耶？」於是鳴鼓集眾，攻訐鼎需平生珍重得力之處，並排斥爲邪解。鼎需當時淚水交頤，不敢抬頭仰視，心想：「我之所得，即爲所排，西來不傳之旨，豈止此耶？」於是歸心於宗杲，成爲宗杲的弟子。〔註133〕一日，宗杲問鼎需：「內不放出，外不放入，正恁麼時如何？」鼎需當下大悟，宗杲遂印之以偈：

> 頂〔註134〕門豎亞摩醯眼，肘後斜懸奪命符。瞎卻眼，卸〔註135〕卻符，趙州東壁掛葫蘆。〔註136〕

鼎需的聲名於是喧動叢林，鼎需隨宗杲移小溪，〔註137〕與之分座，泉守請他

〔註130〕長樂（今福建）人，俗姓林。
〔註131〕《五燈會元》卷第二十，頁 1331～1332：「不下山者三年。」
〔註132〕《五燈會元》卷第二十、《續傳燈錄》三十二作「大乘」。
〔註133〕宋・普濟，《五燈會元》卷第二十，頁 1332。
〔註134〕宋・雪峰蘊聞編，《大慧普覺禪師語錄》，〈示鼎需禪人〉頁 238 作「面」。
〔註135〕宋・雪峰蘊聞編，《大慧普覺禪師語錄》卷十二，〈示鼎需禪人〉作「解」、《大慧普覺禪師年譜》，頁 660 作「奪」。
〔註136〕宋・普濟，《五燈會元》卷第二十，頁 1332。
〔註137〕《大慧普覺禪師年譜》，頁 662：「泉南給事江公少明創新庵於小谿之上，延

說法於延福寺，之後退處於洋嶼，晚年居於東、西禪。鼎需卒於高宗紹興二十三年（1153），年六十二歲。〔註138〕

鼎需生平及禪法見於《嘉泰普燈錄》卷第十八、《五燈會元》卷第二十、有《懶庵需禪師語》收入《續古尊宿語要》卷五、《佛祖綱目》卷三十七、《續傳燈錄》三十二、《續指月錄》卷一。

（二）生死禪法──頓忘諸見

禪宗主張明心見性，但後來流於文字言說，鼎需認爲：「佛法大事，不可麤心。依人門戶，咬人屎橛，種種解會，執占已長，無有是處。」〔註139〕「句中意，意中句，須彌聳于巨川。句劃意，意劃句，烈士發乎狂矢。」〔註140〕他曾在上堂時說：

> 所以豎指悟道，益重瘡疣。擊竹明心，不妨懵懂。直饒伎倆俱盡，氣息全無，檢點將來，直是未在。不見道，向上一路，千聖不傳，學者勞形，如猿捉影。〔註141〕

「向上一路」指步向覺悟境地的道路，鼎需認爲這個覺悟之境，必須自己去參究。如果對於這種只能自家參究的覺悟之境，想要在言說文字中去揣度，就如猿猴捕捉影子一樣徒勞無功。鼎需認爲若要體現「大用現前」，必須要「頓忘諸見」：

> 欲得大用現前，但可頓忘諸見。諸見若盡，昏懵不生，大智洞然，了非他物。〔註142〕

因爲如果能夠「頓忘諸見」，則可去除被汙染的昏昧，呈現洞然的大智。鼎需以水爲喻：

> 淺水不可容大舶，止水不可藏獰龍。惟有四溟波浪闊，從容遊戲在其中。所以兩岸遙曠，如何繫纜。中流迴泬，詎可停橈。漁翁一笛分自樂，長天萬里分何憂。了無憂，復何求。有時乘好月，不覺過

師以居。」

〔註138〕以上除注明出處外，主要依據《嘉泰普燈錄》卷第十八，頁685～688，並參考《五燈會元》卷第二十〈西禪鼎需禪師〉、《佛祖綱目》卷三。十七、《續傳燈錄》三十二、《續指月錄》卷一。

〔註139〕宋・師明集，《續古尊宿語要》卷五，頁8237。

〔註140〕宋・普濟，《五燈會元》卷第二十〈西禪鼎需禪師〉，頁1332。

〔註141〕宋・師明集，《續古尊宿語要》卷五，頁8228。

〔註142〕宋・師明集，《續古尊宿語要》卷五，頁8229。

滄洲。〔註143〕

鼎需以「淺水」和「止水」來象徵諸見的拘限，而以「四溟波浪闊」說明直
截根源的悟境。他認爲如果能打破名相知見，讓心如虛空一樣闊遼，不執不
著，自可以安樂無憂。鼎需還以「坐井」爲喻：

> 坐深井者，不知天地之寬大，忘偏見者，頓明至理之圓融。所以道，
> 若人欲識真空理，心內真如還徧外，情與無情共一體，處處皆同真
> 法界。〔註144〕

坐於深井之內，囿於所限，不知天地之寬大。若能忘偏見者，則可頓明至理
之圓融。故而學者若欲了識真空之理，心內的真如之性，還要涵納遍及情與
無情的法界。

（三）臨終偈

高宗紹興二十三年（1153）七月中旬，鼎需於陞堂時勉勵眾人要砥礪向
道。第二天，他告訴門弟子說：「吾世緣盡矣。」於是書寫臨終偈，並囑咐
首座安永說：「汝善保任，努力爲人。」他在說完後逝世。〔註145〕〈偈〉云：

> 十四十五，明明已露。更問如何？西天此土。〔註146〕

西來不傳之旨，正是揭示此一人人本有的法身。法身正如「十四十五」
一樣，明明白白的呈顯。一切眾生皆具佛性，本來性自清淨，是明明不昧的。
佛性明明存在，而眾生不知自己本來清淨的本性，就如「如地擎山，不知山
之孤峻；似石含玉，不知玉之無瑕」〔註147〕一樣。鼎需的臨終偈中，就以「十
四十五」來說明這「明明已露」的真如本性。

偈的三四句，鼎需以「更問如何」來設問。「如」者，自性本體之稱，若
問自心本性的「如」爲何，則以「西天此土」爲作答。「西天此土」者，「西
天」指禪宗所立西天二十八祖，「此土」即「東土祖師」，故西天四七與東土
二三常連結而稱之，在禪家爲歷代祖師之代稱。例如：「自此西天四七，唐土
二三，天下老和尚，的的相承，而至今日。」〔註148〕「西天四七，唐土二三

〔註143〕宋・師明集，《續古尊宿語要》卷五，頁8234。
〔註144〕宋・師明集，《續古尊宿語要》卷五，頁8229。
〔註145〕依據宋・正受，《嘉泰普燈錄》卷第十八，頁688。
〔註146〕宋・正受，《嘉泰普燈錄》卷第十八，頁688。
〔註147〕宋・師明集，《續古尊宿語要》卷五，頁8233。
〔註148〕宋・智沂等編，《癡絕道沖禪師語錄》，《禪宗集成》16（台北：藝文印書館，
　　　　1968年版），頁10680。

也恁麼。」〔註149〕鼎需的臨終偈，就是開示門人，這人人本有的佛性，已經明明白白的呈現，這也是禪宗西天和東土的祖師所直指的自性。

三、大川普濟

（一）大川普濟生平

普濟〔註150〕（1179～1253）十九歲時，依香林院文憲師父落髮，受具足戒。文憲禪師教導普濟由律而入教，並游歷本郡的湖心及赤城諸院。一日，普濟幡然有感：「持犯束身，義學支離，何能超生死乎？」於是捨教入禪。

普濟在瑞巖荷屋的席下小留後，便前往天童參謁無用淨全禪師。淨全禪師對著普濟道：「有句無句，如藤倚樹。」普濟回答：「斬釘截鐵。」淨全見其深契禪機，便留普濟在寺中參學。不久，普濟前往玉几參謁佛照禪師。佛照一見普濟，便認為是法器，指點普濟前往參謁渺翁如琰禪師。渺翁見普濟來，問：「上座甚處人？」普濟答：「奉化。」渺翁說：「還識憨布袋麼？」普濟提起坐具，渺翁奪取坐具便打，普濟當下脫然開悟。

普濟久依在渺翁門下後，又遍歷無用全、佛照光、浙翁琰、松源嶽、肯堂永諸老之門。寧宗嘉定七年（1214）纂編《五燈會元》，〔註151〕寧宗嘉定十年（1217）住慶元府妙勝禪院，後歷住寶陀觀音、岳林大中、嘉興府報恩光孝、慶元府大慈教忠報國、紹興府天章十方、臨安府淨報恩光孝、靈隱諸寺。理宗寶祐元年（1253）卒，年七十五歲。〔註152〕

普濟平生及禪法見於《大川普濟禪師語錄》，及所附大觀撰〈靈隱大川禪師行狀〉、《增集續傳燈錄》卷二、《宗統編年》卷二十五、《普陀列祖錄》卷一、《續傳燈錄》卷三十五。

〔註149〕宋・師明集，《古尊宿語錄》卷二十一，頁 7583。

〔註150〕俗姓張，四明奉化（今浙江）人。

〔註151〕清・紀蔭，《宗統編年》卷三十五，收入《中國燈錄全書》十（北京：中國藏學出版社，1993 年）九，頁 721：甲戌七年，禪師靈引大川普濟纂修《五燈會元》……住靈隱，自《景德傳燈錄》後，有《廣燈》、《續燈》、《聯燈》、《普燈》，濟合五為一，曰《五燈會元》，至密庵傑祖止，敘集詳明，學者便之。

〔註152〕以上除注明出處外，主要依據《大川普濟禪師語錄》《禪宗集成》15 所附大觀撰〈靈隱大川禪師行狀〉，頁 10489～10491，並參考《宗統編年》卷二十五、《普陀列祖錄》卷一、《續傳燈錄》卷三十五。

（二）生死禪法──法身恒常

在生死禪法上，普濟的語錄中，每每宣說在色身中，有著眾生本具的「法身」。在岳林大中禪寺時，於冬至上堂時說：

> 有物先天地，仰之彌高，無形本寂寥，鑽之彌堅，能爲萬物主。瞻
>
> 之在前，不逐四時凋，忽焉在後，披毛從此得，作佛也由他。〔註153〕

普濟借老子形上學的用語、以及顏淵對於孔子的讚語，來描述法身的恒常性。法身是先天地而在，無形而寂寥，能爲自我的主體性。眾生在輪迴中，不論爲畜爲佛，都同樣是從此一法身變作。在〈小參〉中說：

> 欲識大道眞體，住住，人人一坐具地，四至分明，陰陽造化不及。
>
> 三世諸佛，仰之彌高；六代祖師，鑽之彌堅。天下老和尚，瞻之在
>
> 前，忽焉在後。〔註154〕

法身爲人人本來具有，也是超出陰陽造化的。三世諸佛、六代祖師、天下老和尚皆是同樣的「大道眞體」。若不知道自己擁有這「仰之彌高，鑽之彌堅」的法身，則就是「二勝米料人人有，笑他餓死飯籮邊」〔註155〕的蠢漢。〈髑髏人我擔〉中說：「一我一人裝一擔，不知出入幾胞胎。」〔註156〕法身不變，色身則在輪迴中不斷的變化出沒。他在上堂時說：

> 淨法界身，驢腮馬面。本無出沒，萬化千變。〔註157〕

法身本爲淨界，但法身之用則千變萬化，眾生在六道中輪迴，色身也跟著變化。在〈靈藏主火〉中，他說：「一靈眞性，不假胞胎。」〔註158〕在〈爲下天竺閑雲信講主入壙〉中，他說：「涅槃後有大人相，盡十方空藏不得。」〔註159〕又如他在〈化庵主入骨〉中說：

> 透生死關，出有無見。打破虛空，何處履踐。冷灰堆裡，露影藏身。
>
> 無縫塔中，萬化千變，也是秦時轆轆鑽。〔註160〕

法身本無生死，而且超出有無，法身在冷灰中曾露影藏身，在無縫塔中千變

〔註153〕宋・元愷編，《大川普濟禪師語錄》，頁 10461。
〔註154〕宋・元愷編，《大川普濟禪師語錄》，頁 10477。
〔註155〕宋・元愷編，《大川普濟禪師語錄》，頁 10461。
〔註156〕宋・元愷編，《大川普濟禪師語錄》，頁 10487。
〔註157〕宋・元愷編，《大川普濟禪師語錄》，頁 10457。
〔註158〕宋・元愷編，《大川普濟禪師語錄》，頁 10488。
〔註159〕宋・元愷編，《大川普濟禪師語錄》，頁 10488。
〔註160〕宋・元愷編，《大川普濟禪師語錄》，頁 10489。

萬化，就像秦時的轆轆鑽一樣。

（三）臨終偈

理宗寶祐元年（1253）正月初八凌晨，普濟隱几從容，親自寫信告別朝中弘護佛法的大臣，並對大眾說：「吾行矣，其送終之禮，令與常僧等，勿厚勿侈，勿襲末流之弊，以貽識者哂。」他在臨終時告誡門人不可以厚葬，他遺命火葬後，將他的遺骨撒擲在江中。他寫了一首臨終偈，眾人仍哭著請求遺偈，普濟笑著說：「猶嫌少在。」於是，又寫了第二首臨終偈，〔註161〕不多時便擲筆而化。普濟的徒弟原想遵從普濟的遺命，將普濟火葬後再水葬。但前資尹趙公，特別捐了錢幣，命令為普濟建塔，於是普濟的徒弟便建塔於寺的西麓。〔註162〕普濟的〈臨終偈〉是：

> 地水火風先佛記，冷灰堆裡無舍利。掃向長江白浪中，千古萬古第
> 一義。〔註163〕

普濟平日以法身恆常的生死哲理教化門人，認為法身不變，色身則在輪迴中不斷的變化出沒。他以「地水火風先佛記」，說明眾生的色身由四大組成，是先佛對眾生的教導。「冷灰堆」是人死後焚燒的灰燼，〔註164〕在火化後的冷灰堆裡找不到「舍利」，是普濟對「舍利」的不執著，也表現著普濟對色身的豁達。他在臨終偈中，向弟子宣說色身的虛妄，並遺命將骨灰撒向江水中，這種破除對色身的執著，也正是佛教的根本教義。

第四節　宋代臨濟宗楊岐派虎丘紹隆法系臨終偈的代表人物

楊岐派虎丘紹隆法系臨終偈的作者，南嶽下十五世有紹隆，南嶽下十八世有祖先、崇嶽，南嶽下十九世有師範、道沖、慧性，南嶽下二十世有智愚、普度，南嶽下二十一世有原妙。（見附錄十四）祖先的〈臨終偈〉認為把末後一句寫出人前是錯誤的事，慧性的〈辭世〉、普度的〈辭世頌〉在說

〔註161〕宋・元愷編，《大川普濟禪師語錄》，頁10490，普濟的第二首臨終偈：「來無地頭，去無方所。虛空迸綻，山嶽起舞。」

〔註162〕依據宋・元愷編，《大川普濟禪師語錄》所附大觀撰〈靈隱大川禪師行狀〉，頁10490。

〔註163〕宋・元愷編，《大川普濟禪師語錄》，頁10476。

〔註164〕宋・元愷編，《大川普濟禪師語錄》，頁10489：如〈化庵主入骨〉：「冷灰堆裡，露影藏身。」

明諸法的空幻外，也表達著歸去的灑脫。

　　楊岐派虎丘紹隆法系的臨終偈，以虎丘紹隆、松源崇嶽、無準師範、癡絕道沖、虛堂智愚、高峰原妙六人為代表人物。

一、虎丘紹隆

（一）虎丘紹隆生平

　　紹隆〔註165〕（1077～1136）九歲離開父母，居住於佛慧禪院。六年後剃度受具足戒，五年後曳杖遊方，飄然有四方之志。他首先參謁長蘆的淨照禪師，對禪旨得其大畧。因偶而讀到圓悟克勤的語錄，嘆說：「想酢生液，雖未能澆腸沃胃，要且使人慶快，第恨未親聆謦欬爾。」他先後參謁寶峰湛堂準禪師、黃龍死心禪師，之後到夾山靈泉寺，正逢克勤遷往潭州長沙道林寺，紹隆便隨之前往。

　　一日，克勤對他說：「見見之時，見非是見。見猶離見，見不能及。」然後豎起拳頭問紹隆：「還見麼？」紹隆回答：「見。」克勤說：「頭上安頭。」紹隆脫然契證，克勤又問：「見個什麼？」紹隆答：「竹密不妨流水過。」得到圓悟的肯定。據《五燈會元》記載，有人問圓悟：「隆藏主柔易若此，何能為哉？」圓悟回答：「瞌睡虎耳。」〔註166〕《南宋元名僧寶傳》卷二說他：「而隆睡虎之名，沃驚叢社矣。」〔註167〕此後，紹隆侍從圓悟二十年，盡得圓悟的禪法。

　　紹隆於宣和年間，〔註168〕因為雙親年邁而回到鄉郡的襃禪山，繼而受請住持和州的開聖禪院。建炎之亂時，紹隆結廬銅〔註169〕峰下，郡守李光延請紹隆居於彰教寺。建炎四年（1130）遷平江之虎丘山雲巖禪寺，這時，圓悟以時局未平回去四川，紹隆便在虎丘大振圓悟的禪風，四方叢林稱之：「圓悟之道，復大播於東南諸方，謂圓悟如在也。」〔註170〕紹隆卒於高宗紹興六年

〔註165〕和州含山（今安徽）人。
〔註166〕宋·普濟，《五燈會元》卷第十九，頁1279。
〔註167〕清·釋自融撰，釋性磊補輯，《南宋元明禪林僧寶傳》卷二（濟南市：齊魯書社，1995年），收入《四庫全書存目叢書》，子255～641。
〔註168〕清·釋自融撰，釋性磊補輯，《南宋元明禪林僧寶傳》卷二，子255～641。
〔註169〕喻謙編，《新續高僧傳四集》卷十二（台北：廣文書局，1977年），頁320作「桐」。
〔註170〕宋·嗣端等編，《虎丘紹隆祖師語錄》附徐林撰〈塔銘〉，收入《禪宗集成》

（1136），年六十歲（一說六十五〔註171〕）。〔註172〕

　　紹隆生平與禪法見於《虎丘紹隆祖師語錄》及所附徐林撰〈塔銘〉、《嘉泰普燈錄》卷第十四、《五燈會元》卷第十九、《新續高僧傳》四集卷十二、《南宋元明禪林僧寶傳》卷二、《指月錄》卷三十等書。

（二）生死禪法──本無出沒

　　紹隆說偈曰：

> 日日日東出，日日日西沒。人命在呼吸，百年輕倏忽。驀地得逢渠，
> 掀翻生死窟。放出遼天鶻，萬里雲一突。〔註173〕

時光在日出日沒的流轉中，人命在呼吸之間，百年也只是倏忽的一瞬。每個人都具有自性，若能見到自己的自性，則能掀翻生死之窟，超越生死如朝著萬里雲高飛的大鶻。雖然眾生本具自性，但因為逐物迷己，而不知回歸。他說：

> 只要知歸，苟或未然。便見生死交謝，寒暑迭遷。北里豪家，昨日
> 歌兮今日哭。〔註174〕

紹隆認為，若不知回歸本不生滅的自性，則在生滅的眾色相中，沈溺於生死的交謝和寒暑的變遷。在紹隆的生死禪法中，他一再的向學者開示自性是「本無出沒」的道理。

　　人人本具的自性是圓滿具足的，他說：「窮諸玄辯，竭世樞機，百千法門，無量妙義，總在箇裏，不隔一絲頭。」〔註175〕紹隆對圓滿自足的本性，有更進一步的描述：

> 大智圓明，體無向背。凝然湛寂，彌滿太虛。覆蓋乾坤，常光獨露。
> 削蹤滅跡，離相絕名。〔註176〕

這大智圓明的自性，是湛然常寂、遍滿虛空法界，並且是無蹤跡、離名相的。

　　　　15，頁9961。

〔註171〕宋・嗣端等編，《虎丘紹隆祖師語錄》附徐林撰〈塔銘〉、《新續高僧傳四集》卷十二記載為六十歲，《嘉泰普燈錄》卷第十四記載為六十五歲。

〔註172〕以上除注明出處外，主要依據《虎丘紹隆祖師語錄》附徐林撰〈塔銘〉，頁9960～9961，並參考《嘉泰普燈錄》卷第十四、《五燈會元》卷第十九、《新續高僧傳》四集卷十二、《南宋元名僧寶》卷二。

〔註173〕宋・嗣端等編，《虎丘紹隆祖師語錄》，頁9955。

〔註174〕宋・嗣端等編，《虎丘紹隆祖師語錄》，頁9954。

〔註175〕宋・嗣端等編，《虎丘紹隆祖師語錄》，頁9949。

〔註176〕宋・嗣端等編，《虎丘紹隆祖師語錄》，頁9953。

紹隆對這本性，強調本性的「本無出沒」：

> 塵劫來事盡在如今，好不資一毫，醜不減一毫，謂之萬法根源。
> 千聖窟宅，空洞無像，緣會即彰。所以道：淨法界身，本無出沒。
> 〔註177〕

自性是萬法根源，雖是「千聖窟宅」，但也是「空洞無像」的。一切的萬象，只是在因緣聚合中呈現，這淨界的法身是本來沒有出沒的。他在爲圓悟和尚舉哀云：

> 法界身本無出沒，既無出沒，師今不死。……無生死中示有生死，
> 無去來而示有去來。〔註178〕

法界身本無出沒，無出沒故無生死，現象界的生死，只是在無生死中示現生死，在無去來中示有去來。他認爲：「一切生滅之相本來空寂，凝然不動，正體如如。」〔註179〕人的生死也是如此，於無生中示現受生之相，於無滅中示現入滅之相，而一切生滅之相本來空寂，凝然不動，正體如如，而一切萬法皆不離自心如來。

（三）臨終偈

紹隆在虎丘寺住了三年，於高宗紹興六年（1136）示疾，並當眾宣告讓首座宗達承接院事。眾人於是向郡守請命，並得到郡守的答應。當此事完畢後，紹隆索筆大書伽陀（gatha，偈），擲筆端坐而逝。〔註180〕其臨終偈曰：

> 無法可說，是名說法。所以佛法，無有剩語。〔註181〕

「無法可說，是名說法」出自《金剛經》，經云：「汝勿謂如來〔註182〕作

〔註177〕宋・嗣端等編，《虎丘紹隆祖師語錄》，頁9959。

〔註178〕宋・嗣端等編，《虎丘紹隆祖師語錄》，頁9959。

〔註179〕宋・嗣端等編，《虎丘紹隆祖師語錄》，頁9959。

〔註180〕依據《虎丘紹隆祖師語錄》附徐林撰〈塔銘〉，頁9961。

〔註181〕《虎丘紹隆祖師語錄》附徐林撰〈塔銘〉，頁9961。王雲五主持《四庫全書珍本三集》四，《佛祖歷代通載》卷二十，有「珍重」二字。

〔註182〕明・朱棣集註，《金剛經註解》，（台北：文津出版社，1989年3月），頁21：王日休曰：如來者，佛號也。佛所以謂之如來者，以眞性謂之眞如。然則如者，眞性之謂也。眞性所以謂之如者，以其明則照無量世界而無所蔽，慧則通無量劫事而無所礙，能變現爲一切眾生而無所不可，是誠能自如者也。其謂之來者，以眞性能隨所而來現，故謂之如來。眞如本無去來，而謂之來者，蓋謂應現於此，而謂之來也。若人至誠禱告，則有感應。若欲爲一切眾生設化，則現色身，皆其來者也。此佛所以謂之如來，然則言如如者，乃眞性之本體也。言來者，乃眞性之應用也。是則如來二字，兼佛

是念，我當有所說法。……須菩提，說法者無法可說，是名說法。」〔註183〕「佛性」本體本自清淨具足，而無法可說，以本來無法故。

紹隆的生死禪法，教導學人自我本性的「本無出沒」。自性如如不動，本無出沒，生死的現象只是在無生死中示有生死，無去來而示有去來。紹隆的臨終偈，一方面說明自我本性的「本自具足」，一方面也是要學者離一切執著，離一切思慮知解，直向父母未生之前承當，這樣才得以了脫生死，得大自在。

二、松源崇嶽

（一）松源崇嶽生平

崇嶽〔註184〕（1132～1202）二十三歲離家，在大明寺受五戒後，首先參謁靈石妙禪師，繼而在徑山參謁宗杲禪師。宗杲上堂說法，稱讚「蔣山華公為人徑捷」，崇嶽立即前往蔣山參謁應庵曇華，但對曇華之禪法未能契入，於是愈發自勵，徹夜參究「狗子無佛性」之句，終能豁然有得。應庵認為他是「法器」，就勸他出家，於是他在南宋孝宗隆興二年（1164），於臨安西湖的白蓮精舍剃度，此後開始參訪叢林大老之門。

他在福州鼓山參謁木庵永禪師時，永禪師表示在言語機鋒上，自己比不過崇嶽，但提示他「開口不在舌頭上」。崇嶽之後前往衢州西山乾明寺，禮敬密庵咸傑為師。咸傑移住蔣山、華藏、徑山時，崇嶽都跟從前往。一日，咸傑舉「不是心、不是佛、不是物」之句問一僧人，崇嶽於當下大悟，方體會木庵「問口不在舌頭上」的禪旨，自此機辯縱橫，鋒不可觸。在咸傑住持靈隱寺時，他擔任首座。後來崇嶽又應請住持多所禪院，〔註185〕皆為天下名山。慶元三年（1197）受旨住持靈隱寺，門下盛況為一時之冠。人稱崇嶽「得應庵之機，得密庵之用」。〔註186〕他卒於寧宗嘉泰二年（1202），年七十一歲。〔註187〕

之體用而言之矣。
〔註183〕明・朱棣集註，《金剛經註解》，頁231～232。
〔註184〕俗姓吳，處州龍泉縣（今浙江）人。
〔註185〕先後住持平江府陽山澂照寺、江陰軍君山報恩之光孝寺、無為軍治父山實際寺、饒州薦福寺、明州香山智度寺、平江府虎丘山雲巖寺。
〔註186〕清・釋自融撰，釋性磊補輯，《南宋元明禪林僧寶傳》卷六，子255～667。
〔註187〕以上除注明出處外，主要依據《松源崇嶽禪師語錄》所附陸游撰〈塔銘〉，頁10774～10775，並參考《五燈會元續略》卷三、《佛祖歷代通載》卷二十、

　　崇嶽生平及禪法見於《松源和尚語錄》二卷及所附陸游撰《塔銘》、《五燈會元續略》卷三、《佛祖歷代通載》卷二十、《南宋元明禪林僧寶傳》卷六、《補續高僧傳》卷十一。

（二）生死禪法──開口不在舌頭上

　　南宋時參禪之風盛，但多在語言文字上。崇嶽說：「今之叢林浩浩地，只是名字參禪，其間有一知半解，稍知觸淨，早是罕有，若要荷擔此事，實難得人。」〔註188〕他開示學人：

> 便如你兄弟參禪，將古人公案心思意解作道理商量，築取一肚皮葛藤，逢人撒將出來，以當平生參學。仔細觀來，儞也好痴。臘月三十，賺你皮囊去。〔註189〕

他認為學者若以古人公案，心思意解作道理商量，如此參學只會癡誤平生。他記載當時長老與學者語言答對的情狀：

> 豈似今時一般長老與學者相見，一句來一句去，末後多一句，便為贏得禪。究竟不知深淺，蓋佗不曾踏著正脈，只在言句裏作活計。〔註190〕

一般長老與學者相見，機鋒答問，以多一句為贏，然而未曾依踏著禪宗自悟本心的正脈，而僅在語言文字中作鑽研。崇嶽認為參禪若落在語言文字中，終非解脫之道，他說：

> 縱饒你學得大藏教，從它達磨肚裡過，不曾自悟，如何敵得生死？而今學道兄弟緣是多知多解，將它古人言句比配下得語好，做得頌好，皆是錯用心。你若實有悟入，不怕不會古人言句。所以一處通，千處百處絕羅籠。〔註191〕

要敵生死只能自悟，一大藏教也敵不得生死，學者若在學道上多以知解，這就是錯用了心。參禪只是要「悟入」，參禪所明的自性是離語言、文字、思量的境界，而不在於對古人言句的評解。

　　崇嶽反對在文字公案間作活計，他說：「纔涉思惟形紙筆，語言路布即沒

　　　　　《南宋元明禪林僧寶傳》卷六、《補續高僧傳》卷十一。
〔註188〕宋・善開等編，《松源崇嶽禪師語錄》，收入《禪宗集成》16（台北：藝文印書館，1968 年版），頁 10757～10758。
〔註189〕宋・善開等編，《松源崇嶽禪師語錄》卷下，頁 10758。
〔註190〕宋・善開等編，《松源崇嶽禪師語錄》卷下，頁 10759。
〔註191〕宋・善開等編，《松源崇嶽禪師語錄》卷下，頁 10757。

交涉。」〔註192〕參禪為了明心見性，這種「顯大機，明大用」，是要「一一從自己胸襟流出」的。〔註193〕崇嶽教導學者「欲得大用現前，直下頓忘諸見」。〔註194〕他在〈法語〉中說：「要須併蕩從前學解妄想，情塵勝劣，知見執著，毫末不存。發現本地風光，明見本來面目。」〔註195〕

　　崇嶽臨終時，猶垂二則語以驗學者：「有力量人因甚麼擡腳不起？開口不在舌頭上。」〔註196〕崇嶽針對當時注重文字的弊病，所提出來的「開口不在舌頭上」影響禪林。慧開《禪宗無門關》：

　　　　松源和尚云：「大力量人因甚抬腳不起。」又云：「開口不在舌頭上。」

　　　　無門曰：「松源可謂傾腸倒腹，只是欠人承當。」〔註197〕

無門認為松源和尚的兩個問題，都可說是傾腸倒腹，只可惜當時沒有能承當的人。智愚禪師也曾於上堂時，舉崇嶽臨終之語教導學人：「久參兄弟，正路上行者，有只不能用黑豆〔註198〕法，臨濟之道，將泯絕無聞，傷哉。」〔註199〕

（三）臨終偈

　　崇嶽於寧宗慶元三年（1197）受旨住持靈隱寺，六年後有退隱之志，便上書請罷住持一事，朝廷答應後，他便退居到東庵。寧宗嘉泰二年（1202）因感微疾，但猶講學不輟。八月間，他忽然親自作書，告別諸公親，並且留下二則語言以驗學者，又寫書信囑以大法，在寫完臨終偈後跏趺而逝。〔註200〕〈臨終偈〉云：

　　　　來無所來，去無所去。瞥轉玄關，佛祖罔措。〔註201〕

　　偈的前兩句，直指自性的恒常性，自性是本無來去，亙古常存的。而要證知此自性的境界，則要經過「瞥轉玄關」的參禪功夫。他在〈法語〉中說：

〔註192〕宋・善開等編，《松源崇嶽禪師語錄》卷下，頁10761。
〔註193〕宋・善開等編，《松源崇嶽禪師語錄》卷上，頁10716。
〔註194〕宋・善開等編，《松源崇嶽禪師語錄》卷上，頁10739。
〔註195〕宋・善開等編，《松源崇嶽禪師語錄》卷下，頁10761。
〔註196〕宋・善開等編，《松源崇嶽禪師語錄》所附陸游撰〈塔銘〉，頁10775。
〔註197〕慧開，《禪宗無門關》，收入《禪宗集成》13（台北：藝文印書館，1968年版），頁8475。
〔註198〕黑豆乃「文字」之意。如《續指月錄》卷一「直饒向黑豆未生已前，一時坐斷。」
〔註199〕宋・妙源等編，《虛堂智愚禪師語錄》卷八，收入《禪宗集成》16（台北：藝文印書館，1968年版），頁10936。
〔註200〕宋・善開等編，《松源崇嶽禪師語錄》所附陸游撰〈塔銘〉，頁10775。
〔註201〕宋・善開等編，《松源崇嶽禪師語錄》所附陸游撰〈塔銘〉，頁10775。

衲僧家具眼行腳，須知有本分向上鉗鎚，不容擬議。如金剛王寶劍，
當鋒一截，透頂透底，洒洒落落，了無窠臼。……故我祖師西來，唯
單傳直指，不立階梯，不拘得失，瞥然知非，頓忘情解。〔註202〕

行腳參禪要知有向上鉗鎚，須直下當鋒一截，方可頓忘情解，徹證自己的本
來面目。「瞥轉玄關」是為了明心見性，也是「佛祖罔措」的自家之事。崇嶽
曾說：

千聖只言自知，誰敢正眼覷著。直饒通身是眼，不墮情塵。坐斷千
差，孤危不立。臨機砂轉，大用現前。……擒縱自由，收放在我。
破的衝關，不借他力。〔註203〕

證見自己本來面目是「千聖只言自知」的事，是「不借他力」的事，他說：

豁開向上一竅，威音那畔坐斷封疆，自己胸襟流出，應用無差，頭
頭合轍。透聲透色，絕見絕聞。非三賢十聖所知，非神通變化所
測。……三世諸佛祇言自知，歷代祖師全提不起。直得輝天鑑地，
換斗移星。作者相逢，只眨得眼。所以道：向上一路，千聖不傳。
未曾親近，早隔大千。〔註204〕

禪宗的明心見性，是靠自力修證無始劫以來的本來面目，是從「自己胸襟流
出」，是「三世諸佛祇言自知，歷代祖師全提不起」的自家之事。崇嶽以「開
口不在舌頭上」，直指人心，臨終之作為其樞要，誠如《松源和尚語錄·序》
所言：「自顛至末，無非提持佛祖向上之機。為人至深切也。」〔註205〕

三、無準師範

（一）無準師範生平

師範〔註206〕（1177～1249）九歲依陰平山的道欽出家，南宋光宗紹熙
五年（1194）受具足戒，翌年開始遊歷參訪名師。師範在成都遇見瞎堂高弟
堯首座，向他請益坐禪的工夫，堯首座說：「禪是何物？坐底是誰？」師範
於是晝夜體究，一日有所省悟。

〔註202〕宋·善開等編，《松源崇嶽禪師語錄》，頁 19762。
〔註203〕宋·善開等編，《松源崇嶽禪師語錄》，頁 10756。
〔註204〕宋·善開等編，《松源崇嶽禪師語錄》，頁 10738。
〔註205〕宋·善開等編，《松源崇嶽禪師語錄》，頁 10714。
〔註206〕俗性雍，四川梓潼縣人。

　　紹熙六年（1195）師範出峽到荊南見玉泉儼、保寧無用全兩位禪師，又往金山參謁退庵禪師。退庵問：「生死到來時如何？」師範回答：「渠無生死。」退庵說：「參堂去。」師範又先後參謁阿育王寺佛照德光禪師、靈隱寺的崇嶽禪師等人。他往來於南山，棲留此山六年，繼而至吳門參謁萬壽修無證，又往西華秀峰依止破庵祖先（1136～1211），不久往常州華藏，依止遯庵宗演三年，又回到靈隱寺。當時破庵居第一座，有一道者問破庵：「猢猻子捉不住奈何？」破庵回答：「用捉作麼？如風吹水自然成文。」侍於一旁的師範於言下大悟。

　　師範跟從破庵開山於廣惠，三年後又同回徑山。破庵死後，師範訪舊友嚴雲窠〔註207〕於穹窿，並隨之遷往瑞光，皆為首座。其後又入住慶元府清涼禪寺、鎮江府焦山普濟禪寺、慶元府雪竇山資聖禪寺、阿育王山廣利禪寺。理宗紹定五年（1232），奉命住持徑山興盛萬壽禪寺，於此傳法二十年。紹定六年（1233）七月十五日中元節，師範應詔入宮覲見理宗並為之說法，嘉熙三年（1239）賜以「佛鑒禪師」之號。師範卒於理宗淳祐九年（1249），年七十二歲。〔註208〕

　　師範生平及禪法見於《無準師範禪師語錄》六卷，及所附粲無文撰〈徑山無準禪師行狀〉、《後村先生大全集》卷一六二〈徑山佛鑑禪師墓誌銘〉、《續傳燈錄》卷三十五、《增集續傳燈錄》卷三等。

（二）生死禪法——本不曾死

　　師範承禪宗之旨，闡明眾生皆有自性之理，他說：「木中有火，鑽之始明。礦中有金，煉之始精。諸人分上各各有無價之寶，如何甘溺於陰入之坑？」〔註209〕故而參學當識取自家面目。在生死禪法上，闡發自性「本不曾死」之說。師範曾舉僧問黃龍機禪師事：

　　僧問黃龍機禪師，云：「和尚百年後，缽袋子什麼人得！」龍云：「一任將去。」僧云：「裏面事如何？」龍云：「線綻方知。」師拈

〔註207〕宋・宗會等編，《無準師範禪師語錄》附粲無文撰〈徑山無準禪師行狀〉，收入《禪宗集成》16（台北：藝文印書館，1968年版），頁11112：窠一作巢。

〔註208〕以上除注明出處外，主要依據粲無文撰：〈徑山無準禪師行狀〉頁11110～11114，並參考《後村先生大全集》卷一六二〈徑山佛鑑禪師墓誌銘〉、《增集續傳燈錄》卷三。

〔註209〕宋・宗會等編，《無準師範禪師語錄》卷一，頁11022。

云：「黃龍老漢。口頭不慳，肚裏猶慳。爭如無相缽袋子，不待百年後，未死已前，一時擘破了也。若說裏面事人人盡知，且道知底事作麼生？洞視索空無可有，從教千古錯流傳。」〔註210〕

禪師習以「缽袋子」指人的色身，而「無相缽袋子」則指的是「法身」，法身無相，正是「洞視索空無可有」。在色身的比喻上，師範有將之比喻成破屋者，如〈爲擇維那秉炬〉：「通身無寄赤條條，破屋從教野火燒。」〔註211〕有比喻爲「器」者，如〈爲埴上人秉炬〉：

身心一塊爛泥團，幾曾經歷陶家手。雖然不假埏埴功，其器須知已成就。昨夜無端打破坯模，大地山河一時出醜。正恁麼時如何，冰蠶〔註212〕水底行，神龜火裏走。〔註213〕

師範認爲身心只是一塊爛泥團塑成的「器」，死亡是「器」的打破，當「器」被打破後，不死的自性仍然存在，不受時間的變遷，並不曾死亡。例如〈次韻題大梅常禪師塔〉：

視死生如遊戲場，固知老子不曾亡。祇今何處問消息，風遞梅花撲鼻孔。〔註214〕

又如在靈隱高原和尚訃音傳來時，師範上堂說：

來無所從，南高峰北高峰。去無所至，東澗水西澗水。幻泡忽破，證得烏龜成白鱉。清風未已，須信高原元不死。〔註215〕

這種「不曾亡」「元不死」的說法，是因爲自性本無生死。在〈示周司戶〉中，師範說：

但此事不從佗得，只是人人腳跟下本有底一段事。歷歷孤明，亙古亙今，不動不變，纔擬心相向，便是千里萬里沒交涉。……方知道

〔註210〕宋・宗會等編，《無準師範禪師語錄》卷三，頁11058。

〔註211〕宋・宗會等編，《無準師範禪師語錄》卷五，頁11100。

〔註212〕維基百科：冰蠶是中國傳說中的生物。在金庸的《天龍八部》和其他武俠小說也出現過冰蠶。《太平御覽》卷八百二十五〈資產部五・蠶〉晉・王嘉《拾遺錄》：「員嶠之山名環丘，有冰蠶長七寸，黑色，有角有鱗，以霜雪覆之，然後作繭，長一尺，其色五綵，織爲文錦，入水而不濡，投火則經宿不燎，海人獻堯以爲黼黻。」
http://zh.wikipedia.org/zh-hant/%E5%86%B0%E8%A0%B6

〔註213〕宋・宗會等編，《無準師範禪師語錄》卷四，頁11101。

〔註214〕宋・宗會等編，《無準師範禪師語錄》卷四，頁11090。

〔註215〕宋・宗會等編，《無準師範禪師語錄》卷一，頁11018。

　　　無生死可出，無佛法可求。〔註216〕

自性互古互今、不動不變，故無生死可出。對自性的不變動性，他在〈結制小參〉中說：「人人有一片田地，自古自今未嘗變易。」〔註217〕〈示湛然道示〉中說：「直下湛然清淨，……出生死，至於互百千萬億劫不動不變。」〔註218〕所以，自性本不曾死。既然自性本不曾死，則對色身的生死，自可「去來生死兩俱忘」〔註219〕，亦可「至於出沒死生之際，如同遊戲而已」〔註220〕。

（三）臨終偈

　　師範於理宗淳祐九年（1249）三月初，陞堂說：「山僧既老且病，無力得與諸人東語西話。今日勉強出來，從前所說不到底，盡情向諸人面前抖擻去也。」於是起身抖衣問：「是多少？」十五日，集兩班，區畫後事，親自書寫遺表及遺書十幾封，言笑諧謔都像平常時日一樣。他的徒弟請師範寫遺偈，師範笑著說：「我未撿韻略在。」醫者診視後，師範對醫者說：「汝未識者一脈在。」十八日黎明時，師範索筆書偈，侍奉他的僧人奉上紙筆。師範問：「第一句道什麼？」僧人說：「此是第二句。」師範執筆疾書後，不久而逝。〔註221〕師範的〈臨終偈〉：

　　　　來時空索索，去也赤條條。更要問端的，天台〔註222〕有石橋。

　　　〔註223〕

　　師範臨終偈的前兩句，所說的是法身的體性，師範曾舉僧問黃龍機禪師事，並說這法身是「無相缽袋子」、「洞視索空無可有」〔註224〕，故師範以「來時空索索，去也赤條條」來寫法身的空索無相。偈的三四句，師範又發疑設

〔註216〕宋・宗會等編，《無準師範禪師語錄》卷二，頁11066。
〔註217〕宋・宗會等編，《無準師範禪師語錄》卷三，頁11058。
〔註218〕宋・宗會等編，《無準師範禪師語錄》卷三，頁11061。
〔註219〕宋・宗會等編，《無準師範禪師語錄》卷四，頁11100。
〔註220〕宋・宗會等編，《無準師範禪師語錄》卷四，頁11100。
〔註221〕依據《無準師範禪師語錄》所附粲無文撰〈徑山無準禪師行狀〉，頁11110～11114。
〔註222〕石梁景區是國家級風景名勝區天台山的精華所在。明代旅行家徐霞客在《游白岳日記》中贊石橋岩曰：「岩之右，一山橫跨而中空，即石橋也。下空，恰如半月，坐其下，隔山一岫峙立，拱對其上，眾峰環侍，較勝齊雲天門，即天台石梁，止一石架兩山間，此一山高架而中空其半，更靈幻也。」
〔註223〕宋・宗會等編，《無準師範禪師語錄》卷五，頁11113。
〔註224〕宋・宗會等編，《無準師範禪師語錄》卷三，頁11058。

問並自作答。法身的體性如此，那麼人要如何證見法身呢？師範以「天台有石橋」作為對弟子最後的教誨。

「天台」是東南名山，綺秀而奇險。「石橋」是登攀必經之路。師範的「天台有石橋」有二解，一謂路滑難行、一謂向上一路。

以「路滑難行」而言，古老相傳：「上有佳精舍，得道者居之。雖有石橋跨澗而橫石斷人，且莓苔青滑，自終古以來無得至者。」〔註225〕宏智正覺說：「好看前路崎嶇處，難似天台過石橋。」〔註226〕皆以「石橋」是路滑難行之意。以「向上一路」而言，承古禪師說：「近來行腳人，例皆以天台華頂南嶽石橋，將為向上一路。」〔註227〕《曹源道生禪師語錄》說：「天台華頂，南岳石橋，喚作向上提持。」〔註228〕皆以「石橋」為向上一路。

禪家所言向上一路，常以路滑來形容，例如無明慧性（1162～1237）說：「向上一路滑，壁立萬仞嶮。」〔註229〕師範臨終「天台有石橋」所指，應涵蓋「路滑難行」、「向上一路」兩義，既為向上一路，而此向上一路路滑難行，此正所以於臨終時殷殷勉勵弟子者。

四、癡絕道沖

（一）癡絕道沖生平

道沖〔註230〕（1169～1250）因科舉不利，便在梓州妙音院學習佛法，禮敬修證師父並落髮出家。他曾遊歷成都，在大聖慈寺學習經論。不久，就厭煩於名相之學而有志於出世間法。

他於光宗紹熙三年（1192）出峽，遊歷在荊楚之間。曾在妙果龜峰寺服侍曹源道生，並跟隨曹源遷住妙果龜峰寺，居留三年後，前往參謁松源崇嶽禪師。松源住持靈隱寺，門庭高峻，不輕易對學人許可，道沖屢次囁嚅想自表，卻屢次被松源呵斥阻止。一日，有人向松源說及此事，松源說：「我八字

〔註225〕撰人不詳，《神僧傳・道安》卷二（台北：藝文印書館，1966 年）。

〔註226〕宋・宗法等集成，《宏智正覺禪師廣錄》，頁 404。

〔註227〕宋・文智編，《薦福承古禪師語錄》收入《禪宗集成》23（台北：藝文印書館，1968 年版），頁 15602。

〔註228〕宋・道生編，《曹源道生禪師語錄》收入《禪宗集成》16（台北：藝文印書館，1968 年版），頁 10627。

〔註229〕宋・妙嚴等編，《無明慧性禪師語錄》收入《禪宗集成》16（台北：藝文印書館，1968 年版），頁 10780。

〔註230〕俗姓苟，武信長江（今四川遂寧西北）人。

打開挂搭他，自是他當面蹉過。」道沖聽到這話，口耳俱喪，才知道他服侍曹源於妙果龜峰寺時，曹源的嬉笑怒罵，無非都是善巧方便，自是不疑天下老和尚舌頭。

曹源順寂後，道沖遍歷諸老之門二十多年。淨慈肯堂充、華藏遁庵演一見到道沖，便以道沖為法器，認為密庵的禪法必由道沖復興。其後潛庵光、一翁如、痴鈍穎、掩室開、涠翁琰皆與之分座。寧宗嘉定十二年（1219）由徑山入住嘉興報恩光寺，理宗寶慶元年（1225）移住建康府蔣山太平興國寺，蔣山的田地多依山瀨水，不時有旱潦之災，故而歲租不足以供給眾人，道沖攻苦食淡，相安於寂寞十四年，始終如一日。〔註231〕嘉熙二年（1238）以操行孤高舉遷雪峰崇聖寺，嘉熙三年（1239）入住慶元府天童景德寺、兼領阿育王寺。道沖往來二山之間，四方學者從之，〔註232〕聲聞傳到京師，於淳祐四年（1244）奉詔住臨安府景德靈隱，說法於飛來峰下，後因事伐鼓而去。〔註233〕九年（1249）至平江府覺城山法華寺開山，同年十月，住臨安府徑山興聖萬壽寺。理宗淳祐十年（1250）卒，年八十二歲。〔註234〕

道沖生平及禪法見於《癡絕和尚語錄》二卷及所附趙若琚〈行狀〉、《宗統編年》卷二十五、《補續高僧傳》卷十一、《續傳燈錄》卷三十六。

（二）生死哲理 ── 了達生死、真實一念

1. 了達生死

道沖在〈示士杰侍者〉中，認為當時學者行腳，到處千百成群，挑負著囊鉢，四處求見善知識，問他如何是行腳事，則「十箇有五雙目瞪口呿」。〔註235〕對此學人行腳成風，但卻不知行腳之事，他說：

〔註231〕明‧玄極，《續傳燈錄》卷三十六，收入《中國燈錄全書》五（北京：中國藏學出版社，1993年），頁707：「蔣山瀕江易澇，下田多無秋。師忍飢鳴道行乞養士，居十三年無倦色。」

〔註232〕清‧紀蔭，《宗統編年》卷二十五，收入《中國燈錄全書》十九（北京：中國藏學出版社，1993年），頁726：「眾集如海，法度修明，雖宏智盛時，殆不之過。」

〔註233〕宋‧陳世崇，《隨隱漫錄》（台北：藝文印書館，1965年），第五云：閻妃以特旨，奪靈隱寺菜園，建功德寺，住持沖癡絕退隱示眾云：「欲去不去被去礙，欲住不住被住礙。十洲三島鶴乾坤，四海五湖龍世界。」

〔註234〕依據宋‧智沂等編，《癡絕道沖禪師語錄》收入《禪宗集成》16（台北：藝文印書館，1968年版）所附趙若琚〈行狀〉，頁10707～10710，並參考《宗統編年》卷二十五、《續傳燈錄》卷三十六。

〔註235〕宋‧智沂等編，《癡絕道沖禪師語錄》卷下，頁10698～10699。

> 其行腳大事，到與不到，徹與未徹，一一在當人方寸之中，不待他
> 人指注，然後始知如是。其已徹已到底消息，未曾添一絲毫；其未
> 徹未到底消息，未曾欠一絲毫。〔註236〕

道沖認爲行腳的目地，在於當人方寸之中的開悟。在〈示聞解上人〉中，道
沖開示學者行腳訪師，經萬里之遙，歷三峽之險，並不是爲了遊州縣，看景
致，而是「直爲生死心不明，著身叢林中，尋師擇友，蘄一言半句，以脫生
死。」〔註237〕在〈示宗人禪人遊廬山〉中，他說：

> 叢林高士，辦一片眞實身心，出叢林入保社，尋師擇友，只要洞明
> 自己，了達生死。若不如此，只是簡遊山翫水，空踏破草鞋，贏得
> 腳板闊，於己無益。所以永嘉大師道：「遊江海，涉山川，尋師訪道
> 爲參禪。自從認得曹溪路，了知生死不相干。」〔註238〕

學人行腳尋師訪友，只爲要洞明自己本來面目，以了達生死，因爲自己若不
洞明，則「麤則被地水火風汩沒，細則被生住異滅流注。內爲見聞覺知所惑，
外爲色空明暗所使，無自由分。」〔註239〕因此若非爲洞明自己，無益於己。
他認爲出家人行腳應該要有如下的心志：

> 衲僧家出叢林，入寶社，眞欲透生死，超佛祖。……然後念念生死，
> 不爲生死所畏，處處佛祖，不爲佛祖所拘，方始名爲了事衲僧，眞
> 不負生平行腳本志。苟或不然，則十二時中，被生死之變所惑，佛
> 祖之道所欺，無自由分，便是地獄劫住，可不勉哉。〔註240〕

出家人行腳出入叢林，就是要透脫生死大事，能夠超佛越祖。在透脫生死事
上，要念念生死，而不爲生死所怖畏，處處佛祖，而不爲佛祖所拘，這樣才
可說是明了大事的僧人，才不辜負行腳的本志。

2. 真實一念

道沖對學人的開示，闡明禪宗一貫所提倡之道，即人人本有，各各圓成
的「眞實一念」。道沖說：

> 釋迦老子，便與佗著一箇名字，謂之正法眼藏、涅槃妙心，分付摩
> 訶大迦葉。自此西天四七、唐土二三，天下老和尚的的相承，而至

〔註236〕宋・智沂等編，《癡絕道沖禪師語錄》卷下，頁10698。
〔註237〕宋・智沂等編，《癡絕道沖禪師語錄》卷下，頁10698。
〔註238〕宋・智沂等編，《癡絕道沖禪師語錄》卷下，頁10695。
〔註239〕宋・智沂等編，《癡絕道沖禪師語錄》卷下，頁10688。
〔註240〕宋・智沂等編：《癡絕道沖禪師語錄》卷下，頁10702。

今日，鞠其所歸，不出只今見前一眾，各各當人，真實一念。此念
未明以前，諸人日用應緣處，不曾減一絲毫。既明之後，諸人日用
應緣處，亦不曾增一絲毫。上至諸聖，下及六道，一切含識，皆具
此真實一念。〔註241〕

自西天釋迦、摩訶大迦葉至此土諸祖之旨歸，均在各人的「真實一念」，這「真
實一念」是諸聖、六道、一切含識皆具有的。對此一念，他舉六祖大師對明
上座的開示：「不思善不思惡，正當恁麼時，如何是明上座本來面目？」，並
向諸檀信說：

此一念，不系於善、不系於惡。殊不知此一念，如大日輪昇于東方，
清淨光明，無幽不燭。只如諸檀信，見前一眾，每日起心動念、運
轉施為、折旋俯仰，父母夫婦之間、兄弟朋友之際，或流於善、或
流於惡，一一皆謾自心不得。既謾自心不得，但於日用應緣處，急
急著眼看。此一念之善、一念之惡，自何而來？驀然覷破，知此一
念來處，則世間善善惡惡，籠絡不住，三界二十五有，當下冰消，
八萬四千塵勞，隨處解脫，全體是自家真實一念。〔註242〕

道沖以此一念，猶如昇于東方清淨光明的大日輪，學人每日於人際之間的心
行，或流於善、或流於惡，故而應於日用應緣處，觀察此一念之善惡之來處，
若能驀然覷破，知此一念之來處，則可豁然了悟，這一切均是自家真實一念
所變現。所以「從上佛祖、天下老宿、以至山河大地、日月星辰、草芥人畜、
情與無情，悉從我一念真實心中流出。」〔註243〕道沖在〈示至明維那〉中說：

明見此心，則情想利慾、生住異滅、地水火風，皆為吾之妙用。以
此隨緣自適，更何生死去來之為礙耶。〔註244〕

明了自家真實的心念，則知人所有內心的情想利慾、生住異滅的變相、以及
地水火風的四大假合，都是自心的妙用，便可隨緣自適，不為生死去來所障
礙。

（三）臨終偈

　　道沖於理宗淳祐十年（1250）染病，雖然形體羸弱，但陞堂倡道，精明

〔註241〕宋·智沂等編，《癡絕道沖禪師語錄》卷下，頁10680。
〔註242〕宋·智沂等編，《癡絕道沖禪師語錄》卷下，頁10681。
〔註243〕宋·智沂等編，《癡絕道沖禪師語錄》卷下，頁10680。
〔註244〕宋·智沂等編，《癡絕道沖禪師語錄》卷下，頁10705。

無異於平時。三月六日，道沖忽然書寫龕銘，敘述得法之由，又書寫遺書十幾封，並口占法語，寄往無準的塔所，說：「無準忌，在十八，吾以十五即行，不得瓣香修供矣。」侍僧一面驚駭道沖所的話，一面懇請道沖遺偈，道沖笑著說偈，並上堂辭眾：

> 世尊臨入涅槃，告眾云：「汝等善觀吾紫磨金色之身，瞻仰取足，無令後悔。今日即有，明日即無。」拈云：「世尊平生用盡技倆，臨死之際，求生不得生，求死不得死，山僧則不然，要行便行，要去便去，八臂那吒攔不住。」〔註245〕

他拒絕了醫藥的治療，在十四日的夜分，他起身而坐，於片刻之後去世。〔註246〕他的〈臨終偈〉是：

> 末後一句，無可商量。只要箇人，直下承當。〔註247〕

「末後一句」有二解，一為宗門末後句、一為臨終末後句。此「末後一句」不但是道沖臨終之開示，所開示之事，亦為宗門指涉的覺悟境地。道沖以為「末後一句」是「無可商量」的事，因為證見自性，非為語言文字之可涉，只在於箇人的自證自悟。「直下承當」就是放下所有罣礙之物，直下承當自我本有的自性。道沖臨終之說，是承繼平日對學人之教誨，認為宗門之要，就是要人能夠直下承當自我本有的真實一念。

五、虛堂智愚

（一）虛堂智愚生平

智愚〔註248〕（1185～1269）十六歲依普名寺的僧人師蘊出家。一日，聽人誦讀杜工部的〈天河詩〉〔註249〕有所驚發，於是辭親離鄉。他曾經依止於雪竇煥和尚、淨慈中庵晈和尚。在路過金山時，掩室和尚一見到智愚便非常器重。智愚之後在運庵和尚門下剃度，因參「古帆未掛」之句而開悟，〔註250〕

〔註245〕宋・智沂等編，《癡絕道沖禪師語錄》卷下，頁10709。

〔註246〕宋・智沂等編，《癡絕道沖禪師語錄》卷下，頁10709。

〔註247〕宋・智沂等編，《癡絕道沖禪師語錄》卷下，頁10709。

〔註248〕俗姓陳，四明象山（今浙江）人。

〔註249〕宋・妙源等編，《虛堂智愚禪師語錄》，收入《禪宗集成》16（台北：藝文印書館，1968年版），頁10969，〈天河詩〉：「長時任顯悔，秋至輒分明。縱被微雲掩，終能永夜清。」

〔註250〕宋・妙源等編：《虛堂智愚禪師語錄》，頁10865：後在金山，邂逅運庵先師

自此徧歷諸大老之門，在江淮湘漢一帶參訪。經過廬山時，大雪彌月不停，一夜，在東林寺靜坐，無心中領會了大嶺古佛放光時節的公案，從此心中無所疑惑。當時無二月和尚在福嚴寺，智愚前往依學，被任命爲典藏。後又參訪南嶽的修首座及北禪禮和尚，回到浙江淨慈寺見如淨和尚，由靈隱笑翁和尚推薦爲虎丘典藏。

智愚於理宗紹定二年（1229）住持嘉興〔註251〕府興聖寺，端平二年（1235）遷往報恩光孝寺、元府顯孝寺、瑞巖開善寺，居此二年後乞請退位，住於萬松山延福寺，繼而遷婺州雲黃山寶林寺。居五年蒙受強寇之難，應東谷和尚之推舉，入主冷泉寺。寶祐四年（1256）在靈隱鷲峰受請入主慶元府阿育王山廣利寺，景定二年（1260）入住柏巖慧照寺。五年，受詔住臨安府淨慈報恩光孝寺。度宗咸淳元年（1265）遷住徑山興聖萬壽寺，度宗咸淳五年（1269）卒，年八十五歲。〔註252〕

智愚生平及禪法見於《虛堂智愚禪師語錄》及所附法雲撰〈行狀〉、《增集續傳燈錄》卷四、《五燈全書》卷四十九、《補續高僧傳》卷十一。

（二）生死禪法──撥著便殺

智愚在〈立僧納牌普說〉中，舉古德教人參禪，先要把傳佛心宗、續佛慧命的佛事，暫且放置之一邊，而去參取涅槃堂〔註253〕裡禪。他說：

> 蓋涅槃乃死生切要之地，眼光欲落未落，火風欲散未散，如刀割肉，如箭攢心，那時要得用，萬一不覺不知被他移入驢胎馬腹裡，卒難得出。出家兒尤宜著鞭，袈裟下失人身萬劫不復。……切者尋師擇

招過雪上，得與入室。只是不得下語，纔開口便道：「爾且款款地，不要茅廣。」室中常示古帆未掛因緣，纔開口便罵。一日在侍者寮，思之，古帆未掛，有甚難會，其實只是一漚未發已前事，一念未興已前事。者僧也是箇乖底，卻教宗師倒來入他窠子。驀頭見他來處分曉，便與他關口一築，謂之得人一牛還人一馬，何得不教人下語，遂擔者一擔見解，去方丈呈問。聲未絕，先師道：「爾何不合取狗口，靜地裏密密體取去。每日只管來者裏，論量古人是非，有甚了期。」及歸到寮中，不覺躁悶，忽然會得古帆未掛話，清淨行者不入涅槃話。

〔註251〕《增集續傳燈錄》卷四、《五燈全書》卷四十九作「嘉禾」。
〔註252〕以上除注明出處，主要依據《語錄》即所附法雲撰〈行狀〉，頁10969～10971，並參考《增集續傳燈錄》卷四、《五燈全書》卷四十九、《補續高僧傳》卷十一。
〔註253〕吳汝鈞編著，《佛教思想大辭典》，頁335：延壽堂，收容在叢林中安居的病僧的堂宇。本來稱爲「無常院」、「無常堂」、「涅槃堂」。

友，如救頭然，終不爲身衣口食觀山翫水，悠悠送日。〔註254〕

涅槃堂乃死生切要的地方，因爲在生死輪迴險要之際，臨命欲終苦痛煎熬，加之輪迴路險，因此尤宜猛著力，以求了脫生死。所以參禪者平日尋師擇友，就要抱著解脫生死如救頭然的懇切。對於解脫生死之道，智愚以爲：「各各本有靈覺妙明眞體，但以己見所障，不能橫戈直造不疑之地。」〔註255〕這本有的「靈覺妙明眞體」即爲自性、法身，因爲被知見所障礙，所以不能證得。要讓自性從根塵中脫出，恢復圓滿的自性本體，則要經過一番的參究。他在〈示無坡李新恩〉中說：

> 蒙喻夙業深重，身墮塵勞，若向一念未興已前，照破輪迴生死，不落聖凡情量，便是出塵羅漢。有何户牖可以窺測，有何文理可以揣量，有何生死可以怖畏，有何佛道可以咨參。〔註256〕

智愚認爲若能向一念未興以前，見到自己本來面目，則可照破輪迴生死。這「一念未興已前」即與「古帆未掛」、「一漚未發」同義，是智愚在運庵和尚門下的悟入之處。若要轉向這「一念未興」、「古帆未掛」、「一漚未發」的境界，這就要有一番「撥著便殺」的功夫。

「撥著便殺」出自臨濟義玄禪師，義玄說：「你如欲得如法見解，但莫受人惑。向裡向外，逢著便殺。逢佛殺佛，逢祖殺祖，……始得解脫。」〔註257〕「逢著便殺」成爲禪門一種解證的工夫，例如慧開的《禪宗無門關》說：「驀然打發，驚天動地，如奪得關將軍大刀入手，逢佛殺佛，逢祖殺祖，於生死岸頭，得大自在。」〔註258〕都是要學人盡脫一切外有的染著，眞常獨露，證見自己的本來面目。

學人不能了悟自己的妙明眞體，是因爲被自己的知見所障礙，所以在工夫義方面，他要學人破除知障，在〈雙林夏前告香普說〉中，舉德山之語：「亦無佛亦無祖，達磨元是老臊鬍，釋迦老子乾屎橛，十二分教是神鬼簿，四果三賢是守古塚鬼。……」〔註259〕他自言自己在參學的過程裡：「曾向毘尼〔註260〕中，

〔註254〕宋・妙源等編，《虛堂智愚禪師語錄》卷四，頁10871。
〔註255〕宋・妙源等編，《虛堂智愚禪師語錄》卷三，頁10851。
〔註256〕宋・妙源等編，《虛堂智愚禪師語錄》卷四，頁10862。
〔註257〕唐・惠然集，《鎮州臨濟慧照禪師語錄》收入《禪宗集成》11，頁7357。
〔註258〕慧開，《禪宗無門關》，收入《禪宗集成》13，頁8470。
〔註259〕宋・妙源等編，《虛堂智愚禪師語錄》卷四，頁10864。
〔註260〕「毘尼」是梵語vinaya的譯音，戒律之意，表示爲宣揚佛法，弘教的方法必

留心數十年之間披尋經論。」後來才知道那只是「濟世表顯」，於是一時拋卻，發意參禪。〔註261〕他認爲今之學者不得其妙，有幾種病障，〔註262〕他開示學人要去除病障：

> 要在當人退步揩磨淨盡，使其入作無門，向一條古路上，蕩蕩地無拘無檢，無障無礙，拈來便用，撥著便殺，臨機縱奪，無秋毫許凝滯。……苟有一念希求佛法，卻被佛法二字籠罩，如油入麵，求脫不得。〔註263〕

智愚要人在揩磨淨盡，無拘檢無障礙的向一條古路上去，要「撥著便殺」，不可以有希求佛法之心，方可不被佛法籠罩。

他對當時僧才的教育感到不滿，他在〈示行者智潮〉中說：「凡見衲子往來或勘辨引驗，或怒罵呵咄，隱几壁聽，激起善本，捧紙下拜，願求法藥，老僧不覺大笑。」〔註264〕在〈示蓬來宣長老〉中，智愚批評那些濫據師席，以實法籠罩來學的學風：

> 今時濫據師席，以實法籠罩來學，以寮舍穩便，養育人才。以推衣讓食，苟圖繼紹。以遞相援引，欲盛本宗。苦哉苦哉，正音絕矣！古來尊宿，動於劍刃上，求人尚不得一半，何況繩墨之法耶？若是眞正本色衲僧，具透關眼，未必甘心死在黃檗臨際（濟）句下。〔註265〕

智愚以爲參禪人應該要「箇箇頂天履地，爲甚麼蹈著二千年前底影子？」〔註266〕他鼓勵學人要「破家散宅，毀祖滅宗，不掛條絲，獨超象外」，〔註267〕要「點破生佛未興，不落古人窠臼」〔註268〕，這些都說明了他「撥著便殺」的主張。

須合乎「時」與「地」。因此，又稱「隨方隨時毘尼」，或「隨方隨時」。
〔註261〕宋・妙源等編，《虛堂智愚禪師語錄》卷四，頁10865。
〔註262〕宋・妙源等編，《虛堂智愚禪師語錄》卷四，頁10864：病在自信不及處、病在得失是非處、病在我見偏執處、病在限量窠臼處、病在機境不脫處、病在得少爲足處、病在一師一友處、病在旁宗別派處病在位貌拘束處、病在自大了一生小不得處。
〔註263〕宋・妙源等編，《虛堂智愚禪師語錄》卷四，頁10864～10865。
〔註264〕宋・妙源等編，《虛堂智愚禪師語錄》卷四，頁10863。
〔註265〕宋・妙源等編，《虛堂智愚禪師語錄》卷四，頁10860。
〔註266〕宋・妙源等編，《虛堂智愚禪師語錄》卷二，頁10823。
〔註267〕宋・妙源等編，《虛堂智愚禪師語錄》卷二，頁10821。
〔註268〕宋・妙源等編，《虛堂智愚禪師語錄》卷三，頁10845。

（三）臨終偈

智愚於度宗咸淳五年（1269）感病，他書寫臨終偈後，沐浴端坐而逝。〈辭世誦〉曰：

> 八十五年，佛祖不識。掉臂便行，太虛絕跡。〔註269〕

智愚年八十五而逝，而在這八十五年，智愚自言「佛祖不識」。「佛祖不識」有修行義及境界義，修行義為禪門學者工夫之要，境界義為本體之性。

在修行義方面，「佛祖不識」與「撥著便殺」同義，即是「見佛殺佛，見祖殺祖」。這種自言「佛祖不識」，為禪宗修行所常見，就是不被佛法籠罩的意思。

在境界義方面，梁武帝問達摩如何是聖諦第一義？達摩答曰「廓然無聖。」帝問：「對朕是誰？」達摩曰：「不識。」達摩為示自性迴脫六根、六塵、六識，故對曰「廓然無聖」，以表示自性不起六塵中之見聞覺知之體性。禪宗所參究之本來面目，絕不會在六塵境中起諸分別覺知，智愚曾說：「若能轉向那邊，鴉飛不度，不以形器拘，不以色塵礙，自然超諸聖塵，出大方表。」〔註270〕故知智愚以「佛祖不識」為本來面目的呈現。

「掉臂便行，太虛絕跡」者，禪宗形容法身為「太虛」，例如禪宗三祖僧璨曾說：「圓同太虛，無欠無餘。」〔註271〕智愚的「太虛絕跡」一句，所指的是生命雖然衰逝，但法身無相，猶如太虛一般，是豎窮三際，橫亘十方。智愚的臨終偈，顯示出禪家透脫生死，掉臂便行，不為生死所拘的灑落。

六、高峰原妙

（一）高峰原妙生平

原妙〔註272〕（1238～1295）十五歲出家，以嘉禾密印寺的法住為師，十六歲落髮為僧，十七歲受具足戒，十八歲修習天台教義，二十歲時入淨慈寺，立三年死限學禪。二十二歲請益於斷橋妙倫，妙倫命他參「生從何來？死從何去？」原妙參究至勤，以致「脇不至席，口耳皆忘」。當時雪巖祖欽禪師在

〔註269〕宋・妙源等編，《虛堂智愚禪師語錄》卷十，頁10969。
〔註270〕宋・妙源等編，《虛堂智愚禪師語錄》卷三，頁10845。
〔註271〕僧璨，〈信心銘〉，收入《中國禪宗大全》一（高雄：麗文文化事業，1994年5月），頁6。
〔註272〕俗姓徐，吳江（今江蘇）人。

北磵塔，原妙前往叩訪，屢次剛擬開口便被打出來。他被祖欽接受後，命令他參「無」字及「阿誰與拖個死屍來？」原妙曾疑「萬法歸一，一歸何處？」二十四歲時，見到雙徑五祖的眞讚，驀然打破「拖死屍」之疑。〔註273〕

原妙次年在江心寺度夏後，由國清過雪竇，參謁西江謀、希聲叟、寓旦過等禪師。等到祖欽開法於天寧時，原妙皆隨侍服勞，祖欽又命原妙參「主人公畢竟在甚麼處安身立命」〔註274〕。故原妙於度宗咸淳二年（1226），奮志入臨安龍鬚寺苦心參究，〔註275〕五年後，因同宿道友枕頭落地的聲音而廓然大悟。

原妙在龍鬚寺前後苦行九年，於咸淳十年（1274）遷往湖州的雙髻庵。端宗景炎元年（1276），門下徒眾紛紛走避兵亂，原妙掩關自坐，不爲所動。帝昺祥興二年（1279），原妙至天目西峰的師子巖，弟子法升等人追尋而來，在此構建草庵。原妙在西峰山鑿造石室，洞在山腰，名之爲「死關」。原妙入張公洞扁死關，以三關語以驗學者：「大徹底人，本脫生死，因甚命根不斷。佛祖公案，只是一箇道理，因甚有明與不明。大修行人，當遵佛行，因甚不守毗尼。」

原妙自雙峰而至死關，對學人誨示諄諄，甚至繼以悲泣，平居誨人亦皆懇懇切至，軟語咄咄和易，讓人如坐春風、心悅誠服。元世祖至元十八年（1281）入張公洞扁死關，不越戶十五年。元成宗元貞元年（1295）卒，年五十八歲。〔註276〕

〔註273〕宋・靈隱等編，《高峰原妙禪師語錄》收入《禪宗集成》17（台北：藝文印書館，1968 年版），頁 11844：祖欽禪師令原妙參看「無」字，並舉問：「阿誰與你拖箇死屍來？」原妙自此參扣無虛日。景定二年（1261），原妙是年二十四歲，一日偶夢中忽憶斷橋所舉：「萬法歸一，一歸何處」話，疑情頓發，三晝夜目不交睫，一日隨眾詣三塔，諷誦經文後，抬頭忽見五祖演和尚眞讚云：「百年三千六百朝，返覆原來是遮漢。」原妙驀然打破「拖死屍」之疑。

〔註274〕宋・靈隱等編，《高峰原妙禪師語錄》，頁 11844：一日，祖欽禪師問：「日間浩浩時還作得主麼？」原妙說：「作得主。」又問：「睡夢中作得主麼？」原妙說：「作得主。」又問：「正睡著時，無夢無想，無見無聞，主在甚麼處？」原妙無語。祖欽禪師囑說：「從今日去，也不要汝學佛學法，也不要汝窮古窮今，但只飢來喫飯，困來打眠，纔眠覺來，卻抖擻精神，我遮一覺，主人公畢竟在甚麼處安身立命。」

〔註275〕宋・靈隱等編，《高峰原妙禪師語錄》〈塔銘〉，頁 11848：「臥薪飯松，風鏖日搏，誓欲一著子明白。」

〔註276〕依據洪喬祖編撰，〈高峰禪師行狀〉，頁 11844～11847，參考〈高峰禪師塔銘〉11848～11849。

原妙生平及禪法見於《高峰原妙禪師語錄》及所附洪喬祖編纂之〈行狀〉、《高峰原妙禪師禪要》、《南宋元明禪林僧寶傳》卷八、《增集續傳燈錄》卷五等書。

（二）生死禪法——具足三要、無生死可脫

1. 具足三要

原妙在〈示禪人〉中認爲三世諸佛、歷代祖師，爲了眾生超越三界、斷生死流而出現人間。要明此一大事，方不負平生參學之志願。〔註 277〕他又說：

> 生死事大，無常迅速，生不知來處，謂之生大。死不知去處，謂之死大。只遮生死一大事，乃是參禪學道之喉襟，成佛作祖之管轄。三世如來，恆沙諸佛，千變萬化，出現世間，蓋爲此生死一大事之本源。〔註278〕

生死本人生之大事，歲月遷流，無常迅速，生死大事正是參禪學道、作佛作祖之所重，而恒沙諸佛也是爲了此一生死大事而出現在人間。原妙認爲要超越三界，斷生死流，要具足三要：

> 若謂著實參禪，決須具足三要。第一要有大信根，明知此事，如靠一座須彌山。第二要有大憤志，如遇殺父冤讎，直欲便與一刀兩段。第三要有大疑情，如暗他（地）做了一件極事，正在欲露未露之時。十二時中，果能具此三要，管取剋日成功，不怕甕中走鱉。苟闕其一，譬如折足之鼎，終成廢器。〔註279〕

參禪首具「信」，修學最重要的是斷疑生信。禪宗言之「信」，是相信眾生本來是佛。原妙肯定人人皆具的自性，原妙說：

> 殊不知有一所無盡寶藏，蘊在其中，若也拾得，百劫千生取之無盡，用之無竭。須知此藏不從外來，皆從你諸人一箇信字上發生。若信得及，決不相誤。若信不及，縱經塵劫，亦無是處。〔註280〕

人人本具之寶藏，是取用無盡的，此所無盡寶藏不從外來，須從諸人一個「信」字上發生。若是不信自己有此寶藏，則縱經長久多劫，就如經上所言，只是

〔註277〕宋・靈隱等編，《高峰原妙禪師語錄》卷上，頁 11817。
〔註278〕宋・靈隱等編，《高峰原妙禪師語錄》卷上，頁 11818～118819。
〔註279〕宋・靈隱等編，《高峰原妙禪師語錄》卷上，頁 11821。
〔註280〕宋・靈隱等編，《高峰原妙禪師語錄》卷上，頁 11822。

個不知身懷寶物的貧窮乞兒。

　　參禪第二要為大憤志。原妙認為要超越三界、斷生死流的一大事因緣，絕非草草，若要的實明證，則要「須開特達，懷發丈夫志」〔註281〕。他自述在雙徑求道參禪的過程，除了廢寢忘餐，東西不辨，晝夜不分，在動靜語默間，稠人廣眾中，境寂人忘，如癡如兀，總只是箇一歸何處，更無絲毫異念，從朝至暮，從暮至朝，是「境寂人忘，如癡如兀」之境。〔註282〕

　　參禪第三要為大疑情。原妙說：「自決之後，鞠其病源，別無他故，只為不在疑情上做工夫。」〔註283〕原妙認為：「疑以信為體。悟以疑為用。」〔註284〕他在上堂時，論及「真疑」，他認為「真疑不起，饒你坐破蒲團百千萬箇，依舊日午打三更。」〔註285〕他特別提倡參扣所謂「疑團」〔註286〕的禪法，原妙在〈示淨修侍者〉中說：

> 先將六情六識，四大五蘊，山河大地，萬象森羅，總鎔作一箇疑團。……如是行也只是箇疑團，坐也只是箇疑團，……孤孤迥迥，卓卓巍巍。不動不搖，無來無去。一念不生，前後際斷。〔註287〕

原妙教示參扣疑團時，要將全部的心念集中在這疑團上，山河大地、萬象森羅、著衣喫飯，所有的見聞覺知總只是箇疑團。從朝至暮，粘頭綴尾，打成一片。經過這個過程，便能使心空寂無相。

　　可知原妙認為參禪須具三要：第一要有大信根，相信人人本具之佛性；第二要有大憤志，這是參禪的動力；第三要有大疑情，則是參禪的方法。參禪是相信本自具足的自性，要發現本真的自性，則要有堅毅的動力，並經過決疑的過程，豁然了達這本有的自性。

2. 無生死可脫

　　經過參禪須要具足的三要，豁然了達這本有的自性，開悟就是見到自己

〔註281〕宋・靈隱等編，《高峰原妙禪師語錄》卷上，頁11817。
〔註282〕宋・靈隱等編，《高峰原妙禪師語錄》卷上，頁11804。
〔註283〕宋・靈隱等編，《高峰原妙禪師語錄》卷上，頁11804。
〔註284〕宋・靈隱等編，《高峰原妙禪師語錄》卷上，頁11822。
〔註285〕宋・靈隱等編，《高峰原妙禪師語錄》卷上，頁11810。
〔註286〕從北宋臨濟宗楊岐派大慧宗杲提倡參話頭的看話禪以來，禪林間參「無」字之風盛，除此也有參「柏子樹」、「麻三斤」、「狗屎橛」、「生從何來，死從何去」、「萬法歸一，一歸何處」等等，楊曾文的《宋元禪宗史》，頁667中，認為原妙在此看話禪的基礎上又有新的發展，這種禪法後來盛行於叢林，影響很大。
〔註287〕宋・靈隱等編，《高峰原妙禪師語錄》卷上，頁11823～11824。

本然不生不滅、不增不減的自性，此自性無禪道可參、無佛法可學、無生死可脫、無涅槃可證。他在〈示禪人〉中說：

> 中間有箇漢子，無家業可歸，無禪道可學，無生死可脫，無涅槃可證，終日騰騰任運，任運騰騰。〔註288〕

「中間有箇漢子」亦即是「無位眞人」，其〈法語〉：「定當得出無位眞人，則一生參學事畢。」〔註289〕參學就是要參出自己的本來面目。他勉勵學者要參出這「無位眞人」，一旦與此「無位眞人」驀的相逢，則是生死的大解脫。這「無位眞人」居於身中，其身雖有生滅之相，但這「無位眞人」卻是超然不易的：

> 目即雖有成住壞空之相，如龍脫殼，如客旅居，其實本主無生無滅、無去無來、無增無減、無老無少。自無始劫來，至於今生，頭出頭沒，千變萬化，未嘗移易絲毫許。〔註290〕

「無位眞人」在生死之際如龍脫殼，如客旅居，其實是無生滅、無去來、無增減、無老少的。自無始劫以來，至於今生，雖然有出沒變化，但卻是未嘗有絲毫的移易。原妙曾舉德山見龍潭，於吹滅紙燭處豁然大悟之事，〔註291〕說：

> 到遮裏有甚麼禪道可參？有甚麼佛法可學？有甚麼生死可脫？有甚麼涅槃可證？騰騰任運，任運騰騰。臘月三十日到來，管取得大自在，去住自由。故云：自從認得曹溪路，了知生死不相干。〔註292〕

開悟之人，了達自性的圓滿具足，自無佛法可學、無生死可脫，故於臨命終時，得大自在，因爲了悟了禪宗之旨，自會知道生死本不相干的道理。

（三）臨終偈

原妙患胃疾數年，於成宗元貞元年（1295）十一月二十六日付囑後事。十二月初一黎明向大眾辭別，說：「西峰三十年妄談般若，罪犯彌天。末後有一句子，不敢累及平人，自領去也。大眾還有知落處者麼？」停了許久，又

〔註288〕宋·靈隱等編，《高峰原妙禪師語錄》卷上，頁11821。

〔註289〕宋·靈隱等編，《高峰原妙禪師語錄》卷上，頁11802。

〔註290〕宋·靈隱等編，《高峰原妙禪師語錄》卷上，頁11823。

〔註291〕《佛祖綱目》卷三十九：德山見龍潭，於吹滅紙燭處，便道：「窮諸玄辨，若一毫置於太虛。竭世樞機，似一滴投於巨壑。」自此拈一條白棒，掀天掀地，那裏有近傍處。

〔註292〕宋·靈隱等編，《高峰原妙禪師語錄》卷上，頁11819。

說：「毫釐有差，天地懸隔。」原妙於書偈後泊然而逝，弟子遵奉原妙的遺命，全身歸葬在死關。〔註293〕原妙的〈辭世〉云：

> 來不入死關，去不出死關。鐵蛇鑽入海，撞倒須彌山。〔註294〕

「死關」是原妙在山洞所鑿造的石室，石室名為「死關」。他居於死關，不越戶達十五年之久，而言其「來不入死關」者，原妙雖居於死關，因自性是不為方所拘羈的。他曾說：

> 無邊剎境，自他不隔於毫端。十世古今，始終不離於當念。只如山
>
> 僧每日在張公洞裏，橫眠豎眠，或歌或詠，諸人還知麼。〔註295〕

自性本無出入，原妙在張公洞裏，橫眠豎眠，或歌或詠，空間上皆在無邊剎境中，時間上當下一念即涵容著十世古今。他說：「天堂地獄，任意逍遙。虎穴魔宮，縱橫無礙。騰騰任運，任運騰騰。」〔註296〕了解本不生滅的自性，無論天堂地獄、虎穴魔宮，皆可任意逍遙、任運騰騰，故說「來不入死關」。

「去不出死關」，或可兩說，一指自性本無去來，故無死關可出；二指他命弟子「奉遺命全歸死關」，則是死後其體不出於死關。而「鐵蛇〔註297〕鑽入海，撞倒須彌山」，則顯現縱橫無礙的大解脫、大自在。其〈塔銘〉曰：「鐵蛇入海，虛空百碎。我作銘詩，無在不在。」則是對此一境界的贊說。原妙的臨終偈，除了遺命身後不出死關之外，也向弟子開示著自性「無生死可脫」的自由，及自性的神妙大用。

小　結

　　楊岐派的臨終偈作者有28人，人數之多居於各宗之冠。在這段時期，禪師的語錄有更完整的整理，禪師的生死哲理也有豐富的保存。從楊岐派禪師

〔註293〕依據宋・靈隱等編，《高峰原妙禪師語錄》〈高峰禪師行狀〉，頁 11846。參考〈高峰禪師塔銘〉。

〔註294〕宋・靈隱等編，《高峰原妙禪師語錄》〈高峰禪師行狀〉，頁 11846。

〔註295〕宋・靈隱等編，《高峰原妙禪師語錄》卷上，頁 11805。

〔註296〕宋・靈隱等編，《高峰原妙禪師語錄》卷上，頁 11825。

〔註297〕宋・靈隱等編，《高峰原妙禪師語錄》卷上，頁 11806 有「海底泥牛銜月走，嚴前石虎抱兒眠，鐵蛇鑽入金剛眼，崑崙騎象鷺鷥牽。此四句內，有一句能殺能活，能縱能奪，若檢點得出，許汝一生，參學事畢。」

的臨終偈中，可以檢視出二個特色，卽注重實悟實修、及對法身體性的描述。

一、參究方法

　　禪宗之旨爲直指人心，明心見性。禪宗的「自悟本心」，注重實修與實證，而不在言語文字。但發展到南宋時，參禪之風產生一些流弊。一些學人參禪逐漸忽視對公案的當機體悟，而專注於語言文字技巧的巧辯，及在公案及言語機鋒上逞能。楊岐派的臨終偈中，在參究方法的囑咐上，是秉承禪宗一貫之旨，卽是要「自悟本心」。

　　在參究的方法上，慧遠「拗折秤鎚，掀翻露布」、紹隆的「無法可說，是名說法。」、鼎需的「更問如何，西天此土」、道沖的「直下承當」、智愚的「佛祖不識」都說明著法身本體，是無法以語言文字去形容或代表的。因此，要學者離一切執著，離一切思慮知解，打破知見，實修實證，直向父母未生之前的面目。

二、體性描述

　　在楊岐派的臨終偈中，多有對法身體性的描述。慧遠的「突出機先，鴉飛不度」，是描述法身實相之超聲越色、當體空寂的特性，教示學人法身的體性非語言文字可以掌握。鼎需以「十四十五，明明已露」，說明這人人本有的佛性，已經淨灑灑、露堂堂，明明白白的彰顯。

　　在楊岐派的臨終偈中，特別突顯的是法身的不動搖性。在法身的本無動搖上，例如崇嶽的「來無所來，去無所去」、師觀的「來時無蹤，去時無跡」、慧開的「虛空不生，虛空不滅」。法身的不動搖性，就是法身的不生不滅、不來不去。生死只是物質現象的聚散，而作爲本體意義的「法身」是無生滅可言的。這種說法，仍是將法身和色身分而言之。色身是生命現象，是「青天霹靂」、是「地水火風」，是本體的顯化，緣起則生，緣散則滅。但「法身」則是無生滅、無去來、無增減、無老少。自無始劫以來，至於今生，色身雖然有出沒變化，但法身卻是未嘗有絲毫移易的。

第九章　宋代禪宗臨終偈之寫作特色及敘事內涵

　　在宋代禪宗臨終偈的研究上，本章分成寫作特色及敘事內涵兩個面向作探究。在寫作特色上，統整出宋代禪宗臨終偈六個寫作特色；在敘事內涵上，整理出宋代禪宗臨終偈六個敘事內涵。本章通過這兩個面向作探究，以呈現宋代禪宗臨終偈的大致風貌。

第一節　宋代禪宗臨終偈之寫作特色

　　宋詩繼唐詩而發展，是中國詩歌史上的又一個高峰。禪宗發展到了北宋中葉，進入了「文字禪」〔註1〕的時代。蕭麗華認為宋代的「文字禪」，是繼唐代農禪風尚之後，一個禪宗史上僧俗融合，僧人文士化，文士農禪化的文化現象。〔註2〕周裕鍇認為從大致來說，「文字禪」是北宋禪宗在佛教思想史、經藏偈頌著述、世俗詩歌文學與書畫藝術等各個面向上，全方位的文化現象。〔註3〕

〔註1〕 周裕鍇，《文字禪與宋代詩學》（高雄：佛光山文教基金會，2002年3月），頁2～3：「文字禪」的定義有廣義、狹義之分。廣義的「文字禪」即所謂「以文字為禪」，是包容了佛經文句、古德語錄、公案話頭、禪師偈頌、詩僧藝文等等形式各異、門風不同的一種極為複雜的文化現象。狹義的「文字禪」是詩與禪的結晶，即「以詩證禪」，或就是詩的別稱。
〔註2〕 蕭麗華，《「文字禪」詩學的發展軌跡》（台北：新文豐出版社，2012年12月），頁298。
〔註3〕 周裕鍇，《禪宗語言》（杭州：浙江人民出版社，1999年），頁15。

　　由於「文字禪」的興盛，加上文人參禪風盛、禪僧人數的增加、書寫水平的提高等種種因素，宋代詩偈呈現出空前繁榮的現象。而宋代禪宗的臨終偈，也承唐五代的發展，展現出豐富多樣的寫作特色。

一、多以偈頌為名的詩題

　　「偈」的梵語 Gatha，又音譯作「伽陀」、「偈他」，漢譯為「頌」。「偈頌」本來是佛經表達的一種方式，佛經分為兩部分構成，散文部分叫「長行」，它直接演說法相，而不限定字句，其餘部分為「偈頌」，它限定了句數，一般以四句為一偈，所以「偈」「頌」常用以稱韻文體的經文。「偈頌」在最初時，一般雖以四句為一偈，但後世突破四句，或用雜言做偈子。唐代詩歌鼎盛，偈和詩有時很難嚴格區分，正如唐僧拾得所說：

　　　　我詩也是詩，有人喚作偈。詩偈總一般，讀時須仔細。〔註4〕
周裕鍇認為，偈頌實際上就是宗門的詩歌，只不過其功能和一般世俗詩歌的言志緣情不同，主要用於明心見性，開悟示法。偈頌在形式、聲律、辭藻、偶對、意象等方面都與詩歌完全一樣，因此常被人們稱為「詩偈」或「歌頌」。〔註5〕張美蘭認為偈頌是用來接引學人，或悟道證體，表達禪宗旨意。〔註6〕

　　在宋代時，禪師和居士在臨終時留偈，已經成為禪門之風。本論文以《全宋詩》的禪宗臨終偈統計，臨終偈之作者，計有禪師 101 人，士大夫有 10 人，平民有 3 人，共計 114 人。其偈頌之數，妙普庵主 3 首、釋淨元 3 首，釋祖鏡 6 首、故臨終偈共有 123 首。

　　《全宋詩》臨終詩作之名，以〈臨終偈〉為最多，計有 28 首，〈偈〉25首、〈辭眾偈〉12 首、〈辭世頌〉6 首、〈辭世偈〉6 首、〈臨終頌〉4 首、〈遺偈〉3 首、〈辭眾頌〉2 首、〈頌〉2 首、〈示寂偈〉2 首、〈臨寂偈〉2 首、〈投海偈〉2 首，另外如〈過三嶺芋溪〉、〈將卒示嗣子蘊仁〉、〈法身頌〉、〈臨終示寂〉、〈示寂頌〉、〈臨終辭眾偈〉、〈辭世〉、〈臨終書偈〉等題名不一者 29 首，共計 123 首。

　　從以上統計可知，臨終偈頌以〈臨終偈〉為名者最多，其次為〈偈〉、〈辭

〔註4〕徐光大，《寒山子詩校注・附拾得詩》（西安：陝西人民出版社，1991 年 10月），頁 185。

〔註5〕周裕鍇，《禪宗語言》，頁 94～95。

〔註6〕張美蘭，《禪宗語言概論》（台北：五南圖書出版有限公司，1998 年 4 月），頁56。

眾偈〉、〈辭世頌〉、〈辭世偈〉。而在詩題的最後一字上，以「偈」者有90，以「頌」者有18首，合計108首，占全部臨終詩作的88%，故知《全宋詩》中禪宗的臨終偈多以「偈」「頌」爲名。

二、長短多樣的詩體運用

從語言的形式上來看，《全宋詩》禪師和居士的臨終偈，它有三言、四言、五言、六言、七言，而以七言四句爲最多，共有45首，這種形式占了全部作品的40%。其次爲四言四句28首、五言四句22首、六言四句5首、七言八句3首、四言六句2首、四言八句2首、四言五句1首、五言六句1首、六言六句1首、七言六句1首。從這些資料可以看出《全宋詩》禪師和居士的臨終偈，不論七言、四言、五言、六言，多以四句形式爲之。

除此之外，臨終偈在形式上是多樣的。以釋如淨〈辭世頌〉爲例：

六十六年，罪犯彌天。打個踍跳，活陷黃泉。咦，從來生死不相干。
〔註7〕

這首〈辭世頌〉的形式是四四四四一七，另外如釋法明的〈辭眾偈〉的形式是六六六七、釋清素〈臨終偈〉的形式是四四七七、釋士珪〈臨終偈〉的形式是四四五五、釋法慈〈臨終頌〉的形式是七七三七等，諸若此類等種種不一者共12首。

在臨終偈形式的長短上，最短的形式是四言四句的十六個字，以釋咸靜的〈臨終偈〉爲例：

弄罷影戲，七十一載。更問如何，回來別賽。〔註8〕

形式最長的是釋守卓的〈臨終前一日和雲門曲〉：

衲僧要唱雲門曲，六六從來三十六。曹源有個癡禪人，解道一生數
不足。數不足，不屬金石與絲竹。等閒一拍五音全，直道如弦已曲
錄。從教歲去年來，依舊山青水綠。〔註9〕

從這些資料可以看出，《全宋詩》中臨終偈的形式活潑而多樣，有四言、五言、六言、七言，但多以四句爲主。這些禪師和在家居士在臨終時，多以短小的形式，表達出禪者的臨終之言，這也符合偈子簡短精煉的特點。

〔註7〕《全宋詩》五十二冊，頁32380。
〔註8〕《全宋詩》二十二冊，頁14788。
〔註9〕《全宋詩》二十二冊，頁10453。

三、意象的使用

在臨終偈的寫作中，作者常以「意象」〔註 10〕來作爲象徵。郭錦鴻認爲禪僧利用象徵手法透過天然意象授道傳禪，成爲禪林教化之一大特色。〔註 11〕在宋代禪宗臨終偈的意象使用中，大致有自然意象、空間意象和時間意象。

（一）自然意象

1. 月

月亮爲歷代詩人所歌詠，詩人以時空環境之景、月體圓缺之形，各賦其深情感慨。而禪宗詩中的月亮，卻具有迥然不同的意義。月亮廓然虛明、圓滿地呈現，與眞如佛性的呈現無別。張節末認爲「月」或「月亮」，是佛教中一個極爲重要的意象。〔註 12〕在宋代禪宗臨終偈中，有大量的意象象徵，其中最明顯的是「月」的意象。在這些臨終偈中，據〈列表一〉的統計，「月」的出現高達 17 次之多。其中「月」的意象，通常象徵著圓滿的法身。舉三例如下：

普度〈辭世頌〉：

八十二年，駕無底船。踏翻歸去，明月一天。〔註13〕

清溪沅禪師〈辭世偈〉：

六十七年，無法可說。一片雲收，澄潭皎月。〔註14〕

趙希彭〈絕命偈〉：

六十二年皮袋，放下了無罣礙。青天明月一輪，萬古逍遙自在。

〔註15〕

〔註10〕 互動百科：所謂意象，就是客觀物象經過創作主體獨特的情感活動而創造出來的一種藝術形象。簡單地說，意象就是寓意之象，就是用來寄託主觀情思的客觀物象。在比較文學中，意象的名詞解釋是：所謂意象簡單說來，可以說就是主觀的意和客觀的象的結合，也就是融入詩人思想感情的物象，是賦有某種特殊含義和文學意味的具體形象。簡單地說就是借物抒情。

〔註11〕 郭錦鴻，〈象徵與意象：再述禪宗的象徵教學法──以桃、梅、月意象的運用爲例〉《明覺雜誌》194 期。http://mingkok.buddhistdoor.com/cht/news/d/7986。

〔註12〕 張節末，《禪宗美學》（北京：北京大學出版社，2006 年），頁 251。

〔註13〕 《全宋詩》六十一冊，頁 38520。

〔註14〕 《全宋詩》六十四冊，頁 40420。

〔註15〕 《全宋詩》六十二冊，頁 39246。

在這些偈中，通常以「明月」象徵自性的圓滿，其中月落的意象只有兩則，例如眞如〈示寂偈〉的「雲散長空，前溪月落。」〔註16〕法祚〈辭眾偈〉的「秋水無痕，霜天月墮。」〔註17〕這兩首偈中，雖言「月落」、「月墮」，其實也有著「水流元在海，月落不離天」〔註18〕的喻意。

2. 雲的意象

白雲在中國詩歌中，多以潔白之色、飛移舒卷的姿態和變化，給予詩人豐富的聯想，常象徵著淡泊閒適，任運曠達。雲在禪宗詩歌中的意象，則象徵著無明的遮蓋，如《禪宗雜毒海》的「散盡陰雲見古臺」。〔註19〕有時也象徵著五陰蘊處界，如永嘉大師《證道歌》的「五陰浮雲空去來，三毒水泡虛出沒。」〔註20〕在宋代禪宗臨終偈中，雲的意象通常指五陰的遮障。舉三例如下：

廣燈〈臨終偈〉：

　　南北無寸影，東西絕四鄰。一息故鄉信，曉風吹宿雲。〔註21〕

清素〈臨終偈〉：

　　木人備舟，鐵人備馬。丙丁童子穩穩登，喝散白雲歸去也」〔註22〕

淨元〈辭眾偈〉：

　　會得祖師眞妙訣，無得無物亦無說。喝散烏雲千萬重，一點零心明皎潔。〔註23〕

在這三首偈中，以雲來呈現出色陰的遮障，而「喝散白雲」、「喝散烏雲」、乃至「曉風吹宿雲」，都是在臨終時刻，顯發五陰如雲般的散去，呈現出本來面目的明朗境界。

3. 月與雲的意象

雲與月兩者的意象，常爲禪家並舉。吳言生舉靈澄禪師〈山居〉的「半夜白雲消散後，一輪明月到窗前」爲例，認爲這「白雲」比喻色界，「明月」

〔註16〕《全宋詩》十三冊，頁 9026。

〔註17〕《全宋詩》四十八冊，頁 30023。

〔註18〕《全唐詩》卷八四九，清尚〈哭僧〉。

〔註19〕清·性音重編，《禪宗雜毒海》卷八收入《禪宗集成》5（台北：藝文印書館，1968 年版），頁 3382。

〔註20〕宋·道原撰，《景德傳燈錄》卷二十五，頁 1920。

〔註21〕《全宋詩》二十冊，頁 13457。

〔註22〕《全宋詩》二十四冊，頁 15820。

〔註23〕《全宋詩》二十四冊，頁 15817。

比喻自性清淨。〔註24〕因為雲的虛幻短暫，所以禪者用來象徵色界，而明月的圓明，又正好可以象徵自性的圓滿。在宋代禪宗臨終偈中，雲的意象與月的意象並現的例子有8則，舉二例如下：

省回〈辭眾偈〉：

　　九十二光陰，分明對眾說。遠洞散寒雲，幽窗度殘月。〔註25〕

慧元〈示寂偈〉：

　　五十五年夢幻身，東西南北孰為親。白雲散盡千山外，萬里秋空片
　　月新。〔註26〕

在這些臨終偈中，將雲月並舉，以「雲」比喻色蘊，以「明月」比喻清淨的自性，象徵在死亡時，色身如雲翳般的散去，當雲散之後，本性的清淨，圓融自在，就如明月一輪，萬里常照。

4. 春雪的意象

雪在禪門中的意象，常用以象徵無明諸見。例如《祖堂集》卷五長髭和尚云：「紅爐一點雪。」〔註27〕《五燈會元》卷十七元佑禪師的：「解道紅爐一點雪。」〔註28〕除此之外，禪者又以「春雪」來象徵無常的色身。例如釋克文的〈寄塘浦張道人〉中，以「死生倏忽便到來，幻化身心若春雪」〔註29〕，來象徵色身的無常。這種「春雪」意象，表現在宋代禪宗臨終偈裡，有王隨〈臨終作〉的「去住本尋常，春風掃殘雪。」〔註30〕慶閑〈遺偈〉的「南嶽天台，松風潤雪。」〔註31〕張宗旦〈絕命偈〉的「去住尋常，曉然春雪。」〔註32〕。以法慈的〈臨終頌〉為例：

　　無始劫來不曾生，今日當場又隨滅。又隨滅，萬里炎天覓點雪。

　　〔註33〕

〔註24〕吳言生，《禪學與唐宋詩學》，頁254。
〔註25〕《全宋詩》三冊，頁1990。
〔註26〕《全宋詩》十三冊，頁9075。
〔註27〕南唐‧靜筠編，《祖堂集》卷五，頁228。
〔註28〕宋‧普濟，《五燈會元》卷十七，頁1116：上堂：「凡見聖見，春雲掣電‧真說妄說，空花水月‧翻憶長髭見石頭，解道紅爐一點雪。」
〔註29〕見〈寶峰雲庵真淨禪師住金陵報寧語錄二〉收入頤藏主集，《古尊宿語錄》，《續藏經》，第118冊，卷45，頁759。
〔註30〕《全宋詩》二冊，頁1310。
〔註31〕《全宋詩》十一冊，頁7731。
〔註32〕《全宋詩》十一冊，頁7351。
〔註33〕《全宋詩》四十八冊，頁30114。

這些臨終偈中，都是以春雪的意象，象徵著色身的短暫無常，有如在風中飄飛的雪片一樣，瞬間消失融化，了無痕跡。

5. 風　雷

色身無常，在生死到來之際，禪者常以忽然而作的「風雷」，來形容生死的變化。例如：慧素〈臨終偈〉的「昨夜風雷忽爾，露柱生出兩指。」〔註34〕普交〈辭眾偈〉的：「昨宵風動寒巖冷，驚起泥牛耕白雲。」〔註35〕以眞如的〈示寂偈〉爲例：

> 昨夜三更，風雷忽作。雲散長空，前溪月落。〔註36〕

禪宗雖然認爲法身常存，但在這色身面對生死之變時，則以風雷的天氣變化來作表達。

（二）時間意象 —— 夜

宋代禪宗的臨終偈中，有關夜的意象，多指向生死的時間。這種生死之變時的時間意象，以三更、昨夜爲之。如眞如〈示寂偈〉的：「昨夜三更，風雷忽作。」〔註37〕義懷〈偈〉的：「三更過鐵圍，拗折驪龍角。」〔註38〕尼法海〈臨寂偈〉的：「夜接故鄉信，曉行人不知。」〔註39〕以齊禪師的〈臨寂偈〉爲例：

> 昨夜三更過急灘，灘頭雲霧黑漫漫。一條拄杖爲知己，擊碎千關與
> 萬關。〔註40〕

在死亡的時間上，以昨夜三更、三更、夜來表示，並非作者確切死亡的時間，除了尼法海確爲其偈所言「屆明坐脫」之外，〔註41〕其他的應該都只是象徵的寫法。

宋代禪宗的臨終偈中，多有意象的使用。在自性的描述上，通常以自然意象的「月」象徵自性的圓滿；在色身的描述上，則以自然意象的「雲」、「春雪」象徵色身的虛幻和無常；以「風雷」喻生死之變；以時間意象的「昨夜」、

〔註34〕《全宋詩》二十四冊，頁 15823。
〔註35〕《全宋詩》十八冊，頁 12053。
〔註36〕《全宋詩》十三冊，頁 9026。
〔註37〕《全宋詩》十三冊，頁 9026。
〔註38〕《全宋詩》三冊，頁 1993。
〔註39〕《全宋詩》二十冊，頁 13462。
〔註40〕《全宋詩》二十冊，頁 13463。
〔註41〕宋・普濟，《五燈會元》記載，尼法海如其偈所預言之「曉行」，於黎明時坐脫。

「三更」以喻死亡時間。意象的使用貼切而自然，不但使偈旨明顯，也增加了臨終偈的詩情。

四、言語的不可思議性

禪宗的語言，常常呈現著不可思議性，例如「鐵狗吠而凌宵，泥牛鬥而入海」〔註42〕、「盞子撲落地，碟子成七八片」〔註43〕。鈴木大拙說，禪宗將漢語文學所具有的一切特徵都囊括進來，如有意的瓦解邏輯和語法，運用警句將話語說得深奧扭曲含蓄，使語言更富於暗示性。〔註44〕而張美蘭則認爲：禪宗語言無邏輯推理性是有禪宗自身的理論基礎的，是禪宗對本體所恪守「不說破」的原則體現。〔註45〕

宋代臨終偈的語言中，在言語上呈現這樣「不可思議」性者，如釋士珪的〈臨終偈〉：

前三十一，中九下六。老人言盡處，龜哥眼睛赤。〔註46〕

前兩句不明所指，後兩句或爲道別，偈義晦澀，讓人費解。除此之外，也有些臨終偈賦予無生物生命。如釋普交的〈辭眾偈〉：「昨宵風動寒巖冷，驚起泥牛耕白雲。」〔註47〕釋景南〈臨終偈〉的：「羅漢今日，倒騎鐵馬。」〔註48〕釋清素的〈臨終偈〉的：「木人備舟，鐵人備馬。」〔註49〕以上諸例中，泥牛、鐵馬、木人、鐵人等是無生命的物體，但泥牛能耕，鐵馬可騎，木人、鐵人均能有動作，表現出禪詩中的機鋒。又以釋慧素的〈臨終偈〉爲例：

昨夜風雷忽爾，露柱生出二指。天明笑倒燈籠，拄杖依前扶起。拂

子踜跳過流沙，奪轉胡僧一隻履。〔註50〕

詩中的露柱、燈籠、拄杖、拂子都是禪僧用具，在詩中皆生動的能笑、能起、能跳，把這些假象描繪得栩栩如生。對禪宗語言的不可思議性，楊美蘭認爲這是禪宗獨特的思惟方式，打破了精神世界物質世界的界限，打破了物我截

〔註42〕 宋·普濟，《五燈會元》卷十四，頁883。
〔註43〕 卍新纂續藏經，第六十六冊，No. 1297《宗鑑法林》卷七十二。
〔註44〕 鈴木大拙，《鈴木大拙全集》第四卷（東京：岩波書屋，1968年），頁9～10。
〔註45〕 張美蘭，《禪宗語言概論》，頁16。
〔註46〕 《全宋詩》二十七冊，頁17859。
〔註47〕 《全宋詩》十八冊，頁12053。
〔註48〕 《全宋詩》十八冊，頁12221。
〔註49〕 《全宋詩》二十四冊，頁15820。
〔註50〕 《全宋詩》二十四冊，頁15823。

然爲二的分界，這大概是禪宗語言所蘊藏的哲學思辨。〔註51〕

五、動詞的靈活運用

　　臨終偈中的動詞，包括了人的動作、表情、姿勢等，通過這些動詞傳遞信息。在禪師和居士的臨終偈中，有多樣的動詞之運用。在這些臨終偈中，最常見的動詞是「踏」、「喝散」、「撒手」。

1. 踏：

釋景南〈臨終偈〉：

　　「踏」破虛空，不留朕迹。〔註52〕

釋普度〈辭世頌〉：

　　「踏」翻歸去，明月一片。〔註53〕

2. 喝散：

釋淨元〈辭眾偈〉：

　　「喝散」烏雲千萬重，一點靈心明皎潔。〔註54〕

釋清素〈臨終偈〉：

　　丙丁童子穩穩登，「喝散」白雲歸去也。〔註55〕

3. 撒手：

釋法忠〈示寂頌〉：

　　浩歌歸去，「撒手」長空。〔註56〕

釋慧性（1162～1237）的〈辭世〉：

　　「撒手」便行，萬古清風。〔註57〕

除了上述之外，另有「笑指」〔註58〕、「撞破」〔註59〕、「擊碎」〔註60〕、「翻

〔註51〕張美蘭，《禪宗語言概論》，頁25。
〔註52〕《全宋詩》十八冊，頁12221。
〔註53〕《全宋詩》六十一冊，頁38520。
〔註54〕《全宋詩》二十四冊，頁15817。
〔註55〕《全宋詩》二十四冊，頁15820。
〔註56〕《全宋詩》二十八冊，頁18281。
〔註57〕《全宋詩》五十三冊，頁32914。
〔註58〕《全宋詩》十一冊，頁7364，源禪師〈臨終偈〉：廓然「笑指」浮雲散，玉兔流光照大千。
〔註59〕《全宋詩》十六冊，頁11004，張商英〈臨終偈〉：「撞破」虛空歸去來，鐵牛入海無消息。
〔註60〕《全宋詩》二十冊，頁13463，齊禪師〈臨終偈〉：一條拄杖爲知己，「擊碎」

身」〔註61〕、「打個踍跳」〔註62〕等。

以上所舉之例，其動作皆是心靈意象之動作。余虹認為：「濃郁的生命力是禪道的特徵。」〔註63〕從宋代禪宗的臨終偈中，可以看見這些禪師和居士在臨終時，仍然展現著豐沛的生命力，以灑落的動作語言來象徵著歸去。

六、雅俗文白各異的風格

中國詩歌有雅俗之分，周裕鍇認為禪宗的主流是農禪，因而通俗的白話是禪宗常用的語言，偈頌也多用白話；但隨著中晚唐參禪的居士日漸增多，典雅的文言也部分的滲入禪宗語言。〔註64〕

禪宗發展到了宋代，社會文化提高，禪僧增多。這些禪僧的特點是博覽群書，包括儒書釋典，特別是詩詞創作，喜歡與當世著名文人交往。〔註65〕由於這種種原因，有些詩偈的創作便注重辭藻而流於文雅。所以，在宋代禪宗的臨終偈中，有的語辭清雅，有的極為白話俚俗，呈現出雅俗文白各異之風格現象。在清雅的風格方面，如尼法海的〈臨寂偈〉：

> 霜天雲霧結，山月冷涵輝。夜接故鄉信，曉行人不知。〔註66〕

偈的前兩句有如一幅水墨畫，在寒凍的清氣中，一輪山月冷冷的含著光輝。知道自己將要了別人世，在無人知曉的清晨中悄然獨去。這是宋代禪宗唯一女性書寫的臨終偈，詩境中有著女性獨特的細膩敏銳，用詞清雅而詩境幽遠。又如慶閒的〈遺偈〉：

> 露質浮世，奄質浮滅。五十三歲，六七八月。南嶽天台，松風潤雪。
>
> 珍重知音，紅爐優缽。〔註67〕

這首偈中先寫人生虛幻的浮滅，以歲月寫辭世時間，以地物寓感，再以紅爐優缽表達對知音的珍重之情，用辭上文雅典麗。其他如守卓〈臨終前一日和

千關與萬關。

〔註61〕《全宋詩》三十八冊，頁23784，萬郊〈臨終偈〉：業鏡忽然撲破，「翻身」透出虛空。

〔註62〕《全宋詩》三十八冊，頁23784，釋如淨〈辭世頌〉：「打個踍跳」，活陷黃泉。

〔註63〕余虹，《禪宗與全真道美學思想比較研究》（北京：中華書局，2008年），頁96。

〔註64〕周裕鍇，《禪宗語言》，頁98～99。

〔註65〕周裕鍇，《禪宗語言》，頁128～129。

〔註66〕《全宋詩》二十冊，頁13462。

〔註67〕《全宋詩》十一冊，頁7731。

雲門曲〉的：「從教歲去年來，依舊山青水綠。」〔註68〕釋省回〈辭眾偈〉的：
「遠洞散寒雲，幽窗度殘月。」〔註69〕釋智孜〈偈〉的：「月映寒江，分明歸
去。」〔註70〕釋宗印〈辭眾頌〉的：「歸去來兮，梅梢雪重。」〔註71〕釋正覺
〈偈〉的：「白鳥煙沒，秋水連天。」〔註72〕等，都呈現著文雅的詩風。

　　另一方面，在宋代禪宗臨終偈中，有一部分的作品使用俗語白話，使得
臨終偈呈現俗白的風格。周裕鍇認為唐宋口語是構成禪宗言語的最主要成
分，〔註73〕吟詩作偈，都喜歡使用俗諺。〔註74〕在俗語白話的使用上，莫過
於宗杲的〈臨終頌〉：

　　　　生也只恁麼，死也只恁麼。有偈與無偈，是甚麼熱大。〔註75〕

「恁麼」是「如此」的意思，為一般口語所使用。「熱大」是宗杲常用語，「熱
大不緊」的簡說。〔註76〕這首偈的文字簡單淺白，灑脫自然，是一首具有「禪
家本色」的白話詩。

　　其他的臨終偈中也多有對方俗語言的採用，例如道濟的「東壁打到西
壁」，無著道忠認為：「東壁與西壁之間無物，故壁壁相及，故言打。」〔註77〕，
清翟灝《通俗編》卷三三《語辭》引《俗呼小錄》：「俗凡牽連之辭，如指其
人至某人、物及某物，亦曰打。丁晉公詩所謂『赤紅崖打白紅崖』、禪家所謂
『東壁打西壁』是也。」雷漢卿認為「打」字的這個新用法至今猶活在方言
口語中。〔註78〕

　　除此之外，如淨的「打個趷跳」，趷跳為唐宋俗語，〔註79〕寶曇的「平生

〔註68〕《全宋詩》二十二冊，頁 10453。
〔註69〕《全宋詩》三冊，頁 1990。
〔註70〕《全宋詩》十三冊，頁 9055。
〔註71〕《全宋詩》二十二冊，頁 14802。
〔註72〕《全宋詩》三十一冊，頁 20044。
〔註73〕周裕鍇，《禪宗語言》，頁 322。
〔註74〕周裕鍇，《禪宗語言》，頁 329。
〔註75〕《全宋詩》三十冊，頁 19413。
〔註76〕《大慧錄》卷十五：「各宗其宗，各師其師，各父其父，各子其子，只管理會
　　　　宗旨，熱大不緊。」、卷二三：「只一味理會閒言常語。喚作宗旨，是甚麼熱
　　　　大不緊。」「熱大」一詞不明，在雷漢卿所著的《禪籍方俗詞研究》一書中，
　　　　列入禪籍方俗詞待問錄頁 645。
〔註77〕日・無著道忠，《五家正宗贊助桀》（日本：花園大學禪文化研究所 1994 年影
　　　　印），頁 860。
〔註78〕雷漢卿，《禪籍方俗詞研究》，（成都：巴蜀書社，2010 年 11 月），頁 31。
〔註79〕雷漢卿，《禪籍方俗詞研究》，頁 21。

灑灑落落，末後哆哆唎唎」、〔註80〕慧南的「阿家」、〔註81〕師範的「空索索」〔註82〕、慧遠的「葛藤露布」〔註83〕等，也都是方俗語言的使用，這樣方俗語言的使用，讓臨終偈更為生動活潑。

第二節　宋代禪宗臨終偈之敘事內涵

宋代禪師及居士以臨終偈辭世，臨終偈所陳述有關哲理的部分，本論文列於第十章闡述。而臨終偈的敘事內涵，大致可以分為辭世、辭世年齡、交代後事、臨終申懷、拒絕召薦、「報冤行」的實踐等六項。

一、辭　世

禪師和居士以偈辭世，辭世是臨終偈書寫的主要動機，大部分的作者除了辭世之意，另外有所囑咐、開示。僅為辭世者不多，舉例如下：

釋倚遇〈遺徐禧〉：

今年七十七，出行須擇日。昨夜問龜哥，報道明朝吉。〔註84〕

釋士珪〈臨終偈〉：

前三十一，中九下七。老人言盡處，龜哥眼睛赤。〔註85〕

馮楫〈臨終頌〉：

初三十一，中九下七。老人言盡，龜哥眼赤。〔註86〕

釋法忠〈示寂頌〉：

六十六年，遊夢幻中。浩歌歸去，撒手長空。〔註87〕

這幾首臨終偈，偈意大致僅在辭別，而無其他囑託，這在宋代的臨終偈中，僅佔少數幾首。

〔註80〕雷漢卿，《禪籍方俗詞研究》，頁 525：咿咿呀呀、喋喋不休貌。

〔註81〕雷漢卿，《禪籍方俗詞研究》，頁 333：丈夫的母親，又作「阿姑」。

〔註82〕雷漢卿，《禪籍方俗詞研究》，頁 492：空無一物。

〔註83〕雷漢卿，《禪籍方俗詞研究》，頁 268：葛藤露布，本指葛的蔓藤。喻束縛人本來心性的外在兒又現成的言句。

〔註84〕《全宋詩》五冊，頁 3356。

〔註85〕《全宋詩》二十七冊，頁 17859。

〔註86〕《全宋詩》三十二冊，頁 20279。

〔註87〕《全宋詩》二十八冊，頁 18281。

二、辭世年齡

　　禪家對於生命的年歲，常以超越的角度視之。例如唐代的嵩嶽慧安國師，武后曾徵他至輦下，問他說：「甲子多少？」慧安回答：「不記。」武后又問：「何不記邪？」慧安說：「生死之身，其若循環。環無起盡，焉用記為？況此心流注，中間無間。見漚起滅者，乃妄想耳。從初識至動相滅時，亦只如此，何年月而可記乎？」〔註88〕禪師認為色身在生死中循環之中，沒有起盡之時，所以，人的年歲是不必去在意的。

　　禪家雖知年歲的虛妄，但在宋代禪宗臨終偈中，又往往在偈中先自述辭世年歲，這種情況在《全宋詩》禪宗臨中偈的作品中，多達36例。這種書寫年歲的方式，又往往見於偈的前兩句中，依〈列表一〉統計，如此之例計有29：

　　釋倚遇〈遺徐禧〉：「今年七十七，出行須擇日。」

　　釋玄應〈偈〉：「今年六十六，世壽有延促。」

　　釋省念〈偈〉：「今年六十七，老病隨緣且遣日。」

　　釋警玄〈寄侍郎王曙偈〉：「吾年八十五，修因至於此。」

　　釋省回〈辭眾偈〉：「九十二光陰，分明對眾說。」

　　源禪師〈臨終偈〉：「雪鬢霜髭九九年，半肩毳衲盡諸源。」

　　釋克文〈遺偈〉：「今年七十八，四大相離別。」

　　釋智孜〈偈〉：「五十春秋，如電如露。」

　　釋慧元〈示寂偈〉：「五十五年夢幻身，東西南北孰為親。」

　　釋道楷〈偈〉：「吾年七十六，世緣今已足。」

　　張商英〈臨終偈〉：「幻質朝章八十一，漚生漚滅誰人識。」

　　釋從悅〈辭眾偈〉：「四十有八，聖凡盡殺。」

　　釋咸靜〈臨終偈〉：「弄罷影戲，七十一載。」

　　釋道震〈臨終偈〉：「吾年八十三，隨順世間談。」

　　釋法忠〈示寂頌〉：「六十六年，遊夢幻中。」

　　法一禪師〈偈〉：「今年七十五，歸作庵中主。」

　　釋淨曇〈辭眾偈〉：「這漢從來沒縫罅，五十六年成話霸。」

　　釋正覺〈偈〉：「夢幻空花，六十七年。」

〔註88〕宋・道原，《景德傳燈錄》卷四，頁156。

釋法祚〈辭眾偈〉：「七十七年，幻緣忽破。」

釋道濟〈辭世頌〉：「六十年來狼藉，東壁打到西壁。」

釋如淨〈辭世頌〉：「六十六年，罪犯彌天。」

釋慧性〈辭世〉：「七十八年，內空外空。」

釋智愚〈辭世頌〉：「八十五年，佛祖不識。」

釋法照〈辭世偈〉：「佛壽八十，我多九年」。」

釋妙印〈辭世偈〉：「六十九年，一場大夢。」

釋普度〈辭世頌〉：「八十二年，駕無底船。」

趙希㠓〈辭世頌〉：「六十二年皮袋，放下了無罣礙。」

清溪沅禪師〈辭世偈〉：「六十七年，無法可說。」

李智遠〈今朝〉：「四十三年處世中，夢中成夢又成空。」

有些作者則將年齡置於第三句，或最後兩句中的第一句。如此之例計有6：

釋宗印〈辭眾頌〉：「八十七春，老漢獨弄。」（三四句）

釋慶閑〈遺偈〉：「五十三歲，六七八月。」（三四句）

釋師觀〈臨終偈〉：「七十五年，青天霹靂。」（三四句）

釋師體〈辭眾偈〉：「七十二年，搖籃繩斷。」（三四句）

釋元聰〈臨終辭眾偈〉：「七十四年，月印寒渚。」（三四句）

釋淨如〈頌〉：「六十九年一夢身，臨行何用忉二說。」（最後兩句）

除此之外，將年齡放於五六句中的有1例：

釋德輝〈辭世偈〉：「百千萬劫假非假，六十三年眞非眞。」（五六句）

若從《全宋詩》臨終偈頌的作者來看，最年輕的是李智遠的四十三歲，最年長的爲省回的九十二歲。臨終偈對年齡的敘寫，通常只是略述平生，這種寫法，重點不在年歲，而是在交代生死一期的年歲之餘，來表達辭世、咐囑，或闡發生死哲理等。

三、交代後事

佛門對後事的處理，一般都有一定的程序，例如在《百丈清規》卷六，從〈病僧念誦〉、〈口詞〉、〈亡僧〉中，都有清楚的規定。有些臨終偈則是對自己的後事，有不同的交代，例如景深的〈辭眾偈〉：

不用剃頭，何須澡浴。一堆紅焰，千足萬足。〔註89〕

在《百丈清規》中規定：「如病僧瞑目，延壽堂主即報維那，令堂司行者報燒湯。……安排浴亡，浴畢淨髮。」〔註90〕景深則以為剃頭、澡浴的行儀都可以免去，表達出直接火葬的暢然快意。

以佛門對亡僧的規矩，一般是於火化後入塔，例如在《百丈清規》中說：「請起骨佛事，送至塔所，請入塔佛事，入畢知事封塔。」〔註91〕有異於此者，例如普濟的〈臨終偈〉：「掃向長江白浪中，千古萬古第一義。」〔註92〕交代將他的骨灰撒入江中。但根據記載，當時前資尹趙公，特別捐了錢幣為普濟建塔，於是普濟的徒弟便在寺的西麓，建了一座塔來奉存他的骨灰。〔註93〕

佛門通常以火葬來處理遺體，但有的禪師以身傳法，例如唐代的船子和尚，〔註94〕他傾翻小船，落水自溺而亡。宋代的妙普庵主（1071～1142）因為追慕船子之風，也書偈表達他水葬的決定。據《五燈會元》卷十八的記載，妙普庵主久依在死心禪師門下，他獲得死心的認可後，便抵達秀水，在青龍之野搭結茅屋，吹鐵笛以自娛。紹興十年（1140）冬天，他製造了一個大盆，盆裡留有孔穴而暫時塞住。他寫信給雪竇的持禪師〔註95〕說：「吾將水葬矣。」三年後，持禪師前來，見他還活著，便作偈嘲笑他：

咄哉老性空，剛要餧魚鱉。去不索性去，祇管向人說。〔註96〕

妙普看完偈，笑說：「待兄來證明耳。」便令遍告四眾，等大眾聚集，妙普為說法要，又說偈曰：

坐脫立亡，不若水葬。一省柴燒，二省開壙。撒手便行，不妨快暢。

〔註89〕《全宋詩》三十一冊，頁19589。
〔註90〕元・德煇編，《敕修百丈清規》卷六，收入《禪宗集成》1（台北：藝文印書館，1968年版），頁713。
〔註91〕元・德煇編，《敕修百丈清規》卷六，頁716。
〔註92〕《全宋詩》五十六冊，頁35155。
〔註93〕依據依據《靈隱大川濟禪師語錄》所附大觀撰〈靈隱大川禪師行狀〉，頁10490。
〔註94〕船子和尚（生卒年不詳），名德誠。唐代高僧和詞人。四川武信人。至秀州華亭，泛一小舟，隨緣度日，時人莫知其高蹈，因號船子和尚，接引四方往來者，其後覆船入水而逝。
〔註95〕釋持，為南嶽下十四世，象田卿禪師法嗣，《嘉泰普燈錄》卷十、《五燈會元》卷十八有傳。
〔註96〕宋・普濟，《五燈會元》卷十八，頁1179。

> 誰是知音？船子和尚。高風難繼百千年，一曲漁歌少人唱。〔註 97〕

於是盤坐盆中，順潮而下，大眾追隨至海邊，妙普這時拔取塞子，划水而回。眾人擁上觀看，水未流入盆中。妙普又乘著水流而去，唱曰：

> 船子當年返故鄉，沒蹤跡處妙難量。眞風遍寄知音者，鐵笛橫吹作散場。〔註 98〕

他的笛聲在風中嗚咽，不久於海水蒼茫之間，看見他將鐵笛擲向空中後漸行隱沒。〔註 99〕這種自行水葬的方式，充滿戲劇性的色彩，在宋代禪師的死亡方式上，也是唯一的特例。

四、臨終申懷

這種臨終申懷的書寫，或是表達當時的現實，或是表達一己的心意，祖鏡所反映的是宋徽宗改佛爲道時的背景。

（一）釋祖鏡

徽宗本來信奉佛法，及後信寵林靈素〔註 100〕（1075～1119），於是在宣和元年（1119）下詔改佛爲道，佛號爲大覺金仙，菩薩爲仙人、大士，僧爲德士。並規定僧人穿著道家衣冠，執木笏，改寺院爲宮觀，住持爲知宮觀事。

依據《五燈會元》記載，明州大梅法英祖鏡禪師，在這樣的環境下，註解《老子》一書上呈給朝廷。徽宗覽讀之後對近臣說：「法英道德經解，言簡理詣，於古未有，宜賜入道藏流行。」並賜給他冠珮壇誥。不知祖鏡心意的人，往往以爲祖鏡佞諛。第二年的秋天，徽宗下詔恢復天下僧尼，獨有祖鏡仍依照原來的道制。到了紹興年初，一天早上，他戴著樺皮冠，披著鶴氅，執起象簡，穿上朱履，令人擊鼓集眾，陞座向大眾說：

> 蘭芳春谷菊秋籬，物必榮枯各有時。昔毀僧尼專奉道，後平道佞復僧尼。〔註 101〕

他拿起樺皮冠示眾：

〔註 97〕宋・普濟，《五燈會元》卷十八，頁 1179。

〔註 98〕宋・普濟，《五燈會元》卷十八，頁 1179。

〔註 99〕宋・普濟，《五燈會元》卷十八，頁 1179。

〔註 100〕原名靈噩，字通叟，溫州（今屬浙江）人，北宋末著名道士，少時曾爲蘇東坡書僮。宋徽宗賜號通眞達靈先生，加號元妙先生、金門羽客。著有《釋經詆誣道教議》一卷，《歸正議》九卷。

〔註 101〕宋・普濟，《五燈會元》卷十六，頁 1034。

吾頂從來似月圓，雖冠其髮不成仙。今朝拋下無遮障，放出神光透

碧天。〔註102〕

然後，他把樺皮冠擲在地上，隨即換上僧服，提著鶴氅說：

如來昔日貿皮衣，數載慚將鶴氅披。還我丈夫調御服，須知此物不

相宜。〔註103〕

他擲下鶴氅，舉起象簡說：

為嫌禪板太無端，豈料遭他象簡瞞。今日因何忽放下，普天致仕老

仙官。〔註104〕

他隨即又擲下象簡，提起朱履說：

達磨攜將一隻歸，兒孫從此赤腳走。借他赤履代麻鞋，休道時難事

掣肘。化鵬未遇不如鷃，化虎不成反類狗。〔註105〕

最後，他丟下朱履，橫起拄杖說：「今朝拄杖化為龍，分破華山千萬重。」又
倚肩接著說：「珍重佛心真聖主，好將堯德振吾宗。」說完後，他擲下拄杖，
歛目而逝。〔註106〕

　　祖鏡認為宗教也像蘭菊一樣榮枯有時，樺皮冠和鶴氅、象簡、朱履都是
一時的權宜，最後他表達將去之意，也咐囑門人要以自性為真，好來振興禪
宗。

（二）釋自在

　　根據《青瑣高議別集》卷六記載：自在的性情慵閒，沒有在意寺宇的修
整。有一天，邑尉到這個寺院住宿，因此責備了自在。自在便利用這個機會，
為這位邑尉敷演種種妙法，說明諸法本來平等的妙義，並受到邑尉的讚許。
第二天，邑尉離去以後，自在便在牆壁上題了一個偈子，然後奄然坐亡。〔註
107〕他的〈化前題壁〉是：

邑尉非常勢氣豪，因談真教反稱褒。吾家微密皆彰露，又往西天去

〔註102〕宋·普濟，《五燈會元》卷十六，頁1034。
〔註103〕宋·普濟，《五燈會元》卷十六，頁1034。
〔註104〕宋·普濟，《五燈會元》卷十六，頁1034。
〔註105〕宋·普濟，《五燈會元》卷十六，頁1034～1035。
〔註106〕以上依據宋·普濟，《五燈會元》卷十六，頁1034～1035。
〔註107〕宋·劉斧，《青瑣高議別集》《宋元筆記小說大觀》一（上海：上海古籍出版
　　　　社，2001年），頁1199。

一遭。〔註108〕

偈中說明此一件事情的本末，以及辭世的原因，也表現他來去自由、生死一如的灑脫。

（三）如禪師

如禪師和崧禪師是很相契的道友。有一回，崧禪師戲以詩悼祭如禪師，崧禪師的〈戲悼如禪師〉：

> 繼祖當吾代，生緣行可規。終身常在道，識病懶尋醫。貌古筆難寫，情高世莫知。慈雲布何處，孤月自相宜。〔註109〕

如禪師讀完這首詩後，就寫下一首詩，然後投筆坐亡。如禪師的〈答崧禪師〉：

> 道契平生更有誰，閑卿於我最心知。當初未欲成相別，恐誤同參一首詩。〔註110〕

如禪師在詩中表達兩人的相契之情，並說明自己的未忍離去，只是爲了怕誤了同參一首詩的機會。

五、拒絕召薦

住持爲一寺之長，地位崇高，爲僧俗所共重，以敕旨形式來差選大寺住持的情況，在隋、唐、北宋皆有之，〔註111〕到了南宋，仍如此延用。〔註112〕除了敕旨的形式之外，各地寺院的住持也可以由僧眾共同商議推薦，然後將推薦的名單上報管理寺院的官府機構批准。〔註113〕禪師對於這些中央或地方的差遣召命，有時是因爲不可推辭，所以勉強就職，但也有拒不赴命而辭世者。在宋代禪宗臨終偈的作者中，如此拒絕召薦而辭世者，有法泉、世奇首座、道瓊、智朋四位禪師。

〔註108〕《全宋詩》十冊，頁6814。

〔註109〕宋・普濟，《五燈會元》卷六，頁358。

〔註110〕《全宋詩》七十二冊，頁45237。

〔註111〕楊維中、楊明、陳利權、吳洲著，《中國佛教百科全書・儀軌卷》（台北：佛光文化事業有信公司，1999年），頁85。

〔註112〕宋・岳軻，《愧郯錄・寺觀敕差住持》卷十（北京：中華書局，1985年），頁87：宋人岳軻說：「中興以後，駐蹕浙右，大剎如徑山、淨慈、靈隱、天竺，宮觀如太乙、開元、佑聖，皆降敕箚差主首。至於遞降禪席，如雪峰、南華之屬，亦多用黃牒選補。」

〔註113〕張運華，《中國傳統佛教儀軌》（台北：立緒文化事業有限公司，1998年2月），頁25。

（一）釋法泉

據《五燈會元》卷十六記載，法泉本來住持在蔣山，晚年時奉詔住持大相國智海禪寺。他問大眾：「赴智海，留蔣山，去就孰是？」大眾皆無所應對。法泉便索筆寫了一首偈子後坐逝。〔註114〕〈偈〉云：

> 非佛非心徒擬議，得皮得髓謾商量。臨行珍重諸禪侶，門外青山正夕陽。〔註115〕

馬祖有一日對大眾說：「汝等諸人，各信自心是佛，此心即是佛心。」馬祖自言「即心即佛」是「爲止小兒啼」，啼止之後則爲「非心非佛」。〔註116〕「得皮得髓」則爲達摩欲西返天竺時，證許慧可得其髓、道育得骨、尼總持得肉、道副得皮之事。〔註117〕法泉在臨終時以此兩句來蓋括禪法的傳授，三四句則是向大眾辭別。

（二）釋道瓊

據《五燈會元》卷十二記載，道瓊是建寧府（地處福建省北部）開善木庵的首座。紹興庚申（1140）的冬天，信守以原爲律寺的超化寺（河南省新密市）改爲禪寺，便想迎請道瓊爲第一祖。道瓊對專使說：「吾初無意人間，欲爲山子，正爲宗派耳，然恐多不能往受請已。」他取出所藏之洨潭景祥的繪像和木庵二字，書寫一首偈子，囑咐清泉亨老把偈子寄給他的得法弟子慧山，然後對專使說：「爲我傳語侍郎，行計迫甚，不及修答。」說完隨即化去。〔註118〕〈寄弟子慧山偈〉：

> 口呰不中祥老子，愛向叢林鼓是非。分付雪峰山首座，〔註119〕爲吾痛罵莫饒伊。〔註120〕

偈中的「祥老子」是道瓊的師父景祥，道瓊的被召薦，或許因爲是景祥的推荐。所以，道瓊在偈子中，埋怨他的師父景祥，並且交代他在雪峰山任首座的弟子慧山，要爲他「痛罵」景祥禪師一番。

〔註114〕依據宋・普濟，《五燈會元》卷十六，頁1029～1030。
〔註115〕宋・普濟，《五燈會元》卷十六，頁1030。
〔註116〕宋・道原，《景德傳燈錄》卷六，頁242～243。
〔註117〕宋・道原，《景德傳燈錄》卷三，頁101。
〔註118〕依據宋・普濟，《五燈會元》卷十二，頁772。
〔註119〕《禪燈世譜》卷三：雪峰山首座爲其弟子。
〔註120〕宋・普濟，《五燈會元》卷十二，頁772。

（三）世奇首座

據《五燈會元》卷二十記載，世奇遍參諸禪師的門下，最後才往謁龍門清遠禪師。清遠想命他為分座，〔註121〕世奇堅決辭讓，說：「此非細事也，如金針刺眼，毫髮若差，睛則破矣。願生生居學地，而自煅煉。」到了世奇暮年，因為學者力請，不容他推辭，他因而說了一偈，又問：「且道是那一念？」眾人不知所措，世奇喝了一喝，辭世而去。〔註122〕其〈臨終偈〉曰：

> 諸法空故我心空，我心空故諸法同。諸法我心無別體，祇在而今一
> 念中。〔註123〕

世奇的辭讓，是因為因緣未至，還需要「生生居學地，而自鍛煉」。他在〈臨終偈〉中闡發的，是諸法只在當下一念的禪旨。

（四）釋智朋

據《五燈會元》卷十四記載，智朋於紹興初住於華藥、天寧，清涼等寺，後來退居在明州的瑞巖寺。建康年間，官府請智朋再次住持清涼寺，明州的官守也勸智朋赴任。智朋不答應，作了一偈送給使者，沒過多久他就去世了。〔註124〕他的〈辭再主清涼偈〉：

> 相煩專使入煙霞，灰冷無湯不點茶。寄語甬東賢太守，難教枯木再
> 生花。〔註125〕

禪師拒絕舉薦有不同的原因，例如道瓊「欲為山子，正為宗派耳」，世奇「願生生居學地，而自煅煉」，此四位禪師都因各自不同的原因，對舉薦的職位無所慕求，而以辭世來拒絕。

六、「報冤行」的實踐

《菩提達磨大師略辨大乘入道四行觀》中認為入道多途，要言之不出二種，一是理入，一是行入。「報冤行」為行入之一：

> 謂修道行人若受苦時，當自念言：我往昔無數劫中，棄本從末，流

〔註121〕禪林之首座代住持而接化，曰分座。敕修清規曰：「前堂首座，表率叢林，人
　　　　天眼目，分座說法，開鑿後昆。」
〔註122〕依據宋·普濟，《五燈會元》卷二十，頁1319～1320。
〔註123〕宋·普濟，《五燈會元》卷二十，頁1320。
〔註124〕依據宋·普濟，《五燈會元》卷十四，頁907。
〔註125〕宋·普濟，《五燈會元》卷十四，頁907。

浪諸有，多起冤憎，違害無限，今雖無犯，是我宿殃，惡業果熟，

非天非人所能見與，甘心甘受，都無冤訴。經云：逢苦不憂何以故？

識達故，此心生時與理相應，體冤進道，故說言報冤行。〔註126〕

在宋代禪宗臨終偈的作者中，釋谷泉、僧宗回、卭州僧三人，有著對「報冤行」的實踐。

（一）釋谷泉

據《禪林僧寶傳》卷十五記載，谷泉〔註127〕受法汾陽善昭禪師，並曾參謁慈明禪師，後來住持在衡嶽的芭蕉庵。在嘉祐年中，有一位名叫冷清的男子以妖言而被誅殺，因為冷清曾經在庵中往來，所以谷泉也受到牽連，決杖後被配往郴州的牢城去服勞役。一日，他在盛暑中背負著土經通衢道，他放下擔子，說了一首偈子後便微笑而逝。〔註128〕〈偈〉曰：

今朝六月六，谷泉被氣望。不是上天堂，便是入地獄。〔註129〕

《林間錄》卷下記載「盛暑負土塹經通衢」〔註130〕，故知谷泉在郴州是服築城的勞役。此句於《林間錄》卷下則為「谷泉受罪足」〔註131〕，表示谷泉當受的業報已經受盡。三四句則表達他此生報盡之後，對往來於天堂地獄的脫然無累。

（二）卭州僧

《夷堅三志》辛卷四記載著一則卭州（今在四川）僧人的故事，這則故事是在成都醫者劉來，和夷陵推官陳莘的交談中被提及的。

徽宗宣和年間，有一位卭州的僧人，被無賴士人脅持，向官府誣告他行為不軌。僧人下獄時受到鞫審，他隨問隨即招承。獄官推測這不是事實，便開導僧人翻案，但僧人並不想改變被誣的案情。等到僧人赴州入市要臨刑時，臉上也沒有畏懼之色，他對監刑兵官問：「我聞僧人死，必有偈頌，少寬頃刻之期可乎？」監者答應後，僧人說：「我舉揚倩官人寫出。」乃作〈臨

〔註126〕梁‧菩提達磨，《菩提達磨大師略辨大乘入道四行觀》，《禪宗集成》1，頁1。

〔註127〕宋‧普濟，《五燈會元》卷十二：一號大道禪師，泉州（今屬福建）人。

〔註128〕依據宋‧惠洪，《禪林僧寶傳》卷十五，頁323～328。

〔註129〕宋‧惠洪，《禪林僧寶傳》卷十五，頁327～328。

〔註130〕宋‧德洪集，《林間錄》卷下，收入《佛光大藏經‧禪藏》（高雄：佛光出版社，1994年12月），頁103。

〔註131〕宋‧德洪集，《林間錄》卷下，頁103：「谷泉受罪足。」

刑口占〉：

> 宿業因緣人不知，如今啐啄與同時。今生歡喜償他了，來世分明不
> 欠伊。夢幻色身從敗壞，閑田盧樹已生枝。休休休也歸家去，石女
> 懷胎產一兒。〔註132〕

這首偈子的前四句，說明人雖然不知宿業因緣，但因緣成熟如啐啄同時，其
業報自然呈現，今生隨緣歡喜的償還了舊債，來世自可消滅這段業緣。偈子
的後四句，則是說明色身是無常的生滅法，人生虛幻不實，倒不如歸回家去。

（三）釋宗回

宗回的道行很高，曾經開壇說法受人敬仰，最後住在南劍（今屬福建南
平）之西巖寺。西巖寺中種有許多茶樹，有一回，宗回令人芟除茶樹的繁枝，
一位僧人就到縣府上訴宗回想逃漏茶稅。縣官知是誣告，便撻逐了這僧人。
僧人又投告于郡守，郡守又撻逐了他。僧人更上告漕台，漕使便下命建州的
官吏來調查。宗回對徒弟說：「是僧已再受杖，吾若往自直，則彼復得罪，豈
忍為此，吾不自言，則罪及吾，吾亦不能甘，不如去此。」第二天早上，宗
回命擊鼓升座，慰謝大眾後，即唱說一偈，瞑目而化。〔註133〕他的〈偈〉為：

> 縣吏〔註134〕追呼不暫停，爭如〔註135〕長往事分明。從前有箇無生
> 曲，且喜今朝調已成。〔註136〕

佛教相信因果輪迴，修道人在多生累劫以來，或多造惡業，惱害無數的眾生。
所以，當惡業現前時，即是往昔所造的業報呈現，對此果熟的惡業，要甘心
承受。故而如谷泉、邛州僧、宗回三者，都是「報冤行」的踐行者。

〔註132〕《全宋詩》三十一冊，頁20091。
〔註133〕據宋‧洪邁，《夷堅志》卷五（日本京都：中文出版社，1980年），頁52。參
　　　　考《五燈會元》卷十八、《嘉泰普燈錄》卷十七。
〔註134〕宋‧齊己等編，《佛海慧遠禪師廣錄》卷二，頁10098作「使命」。
〔註135〕宋‧齊己等編，《佛海慧遠禪師廣錄》卷二，頁10098作「何如」。
〔註136〕宋‧普濟，《五燈會元》卷十八，頁1224。

第十章　宋代禪宗臨終偈的生死哲理及生死美學

　　《全宋詩》的臨終詩作中，大部分的作品有著明顯的哲學思想，這就成了宋代臨終詩和宋代禪宗臨終偈的共同特色。本章論文分述儒家、道家、道教的生死哲理，進而探究宋代禪宗臨終偈的生死哲理及生死美學，從生死哲理及生死美學的兩個面向，對禪宗臨終偈的意義和價值，作多角度的挖掘和研究。

第一節　宋代臨終詩的生死哲理

　　歷代大儒對生死大事的看法雖然不一，但生死的確是哲學的主要議題。牟宗三曾說，中國哲學的主要命題是生命，中國哲學是以生命為對象，主要的用心在於如何調節、運轉、安頓我們的生命。〔註 1〕唐君毅認為：「人生之全體，必須包含死來了解。最高的哲學智慧，必須包含死亡智慧。」〔註 2〕所以，包含死亡的哲學，才是最高的哲學智慧。驗諸宋代臨終詩偈的寫作，幾乎都有哲學的思想背景。可見，死亡是哲學重要的命題，而哲學提供人面對死亡時的態度。

一、儒家的生死哲理

　　儒家奠立中國的人生哲學基礎，而孔子的哲學重點放在「生」上，教人

〔註 1〕牟宗三，《中國哲學十九講》（台灣：學生書局，1983 年 10 月），頁 15。
〔註 2〕唐君毅，《哲學概論》（台灣：學生書局，1984 年），頁 82。

先知生命的意義，然後把這種意義付諸生活的實踐。孔子對於生命的態度曾說：「未知生，焉知死。」〔註3〕儒家注重道德的實踐，而「仁」是孔子的核心思想，孔子的生死觀可以說是「仁」的展現，以「仁」爲一貫之道。

傅佩榮肯定「仁」包含「人之性、人之道、人之成」三個層面，〔註4〕儒家注重生命的價值，認爲生命之意義，端在於生命的過程中建立。而「義」是儒家的生命價值所在，所以，孔子「仁」的思想，通過「義」的履踐，展現人文道德的生死觀。所謂「君子義以爲上」、〔註5〕「君子之仕也，行其義也」。〔註6〕在行義方面，子曰：「志士仁人，無求生以害仁，有殺身以成仁。」〔註7〕所以在面對生與死的價值取捨之中，儒家寧可「捨生取義」，「行義」是儒家的生命價值之一，「死」的意義更由「成仁」之行而開展出來。這種思想發展到宋代時，理學大家朱熹在《語類》中說：

> 人受天所賦許多道理，自然完具無欠缺。須盡得這道理無欠缺，到
> 那死時，乃是生理已盡，安於死而無愧。〔註8〕

這種盡理至死、安於無愧的生死觀，可以說是儒家思想的典型，這種精神也充分表現在宋代儒家的臨終詩作中。據《全宋詩》中臨終詩的作者中，有關儒家思想的臨終詩作者46人，以身殉國者竟高達30人。死於靖康之變之時有6人，〔註9〕死于宋朝末年的有24人。〔註10〕

靖康之變，王履（1080～1127）在郊臺邊被害時，神色不動，仰天念歌：「矯首向天兮天卒無言，忠臣死難兮死亦何怨。」〔註11〕楊邦乂（1086～

〔註3〕 宋・朱熹撰，《四書集注》（臺北：漢京文化事業有限公司，1983年），頁290。
〔註4〕 傅佩榮，《人能弘道》（台北，天下文化，2008年），頁5：傅佩榮提出「仁」包含人生三大問題：「一，仁是人之性，人只要眞成，就會體驗內心有向善的自我要求；二，仁是人之道，人生的正路在於擇善而固執之；三，仁是人之成，亦即止於至善，必要時可以殺身成仁。」
〔註5〕 宋・朱熹撰，《四書集注・論語》，頁414。
〔註6〕 宋・朱熹撰，《四書集注・論語》，頁422。
〔註7〕 宋・朱熹撰，《四書集注・論語》，頁373。
〔註8〕 宋・黎靖德編，《朱子語類》三十九（台北：文津出版社，1986年12月），頁1011～1012。
〔註9〕 滕茂實、王履、黃煒、楊邦乂、李若水、何㮚。
〔註10〕 陳仲微、趙卯發、鄧得遇、曾如驥、徐琦、謝枋得、陳文龍、謝緒、徐應鑣、方氏、王士敏、趙必曑、邊居誼、朱光、文天祥、趙淮、韓希孟、朱宮人、諸葛夢宇、徐崧、王氏、盧氏、鍾克俊、徐元娘。
〔註11〕 《全宋詩》二十五，頁16651。

1129）於金人攻陷建康時，刺血書句在衣裾上：「寧作趙氏鬼，不爲他邦臣。」〔註12〕又如黃燁（？～1127）在靖康二年，隨徽欽二宗北去，題詩於驛站的壁上，自殺而死。〔註13〕他的〈題驛壁〉：

> 帝駕陷塵沙，孤臣誓靡他。丹心期報主，白髮不知家。〔註14〕

宋代末年，爲國捐軀者的人數是歷代最高的。其中徐應鑣（？～1276）一家五口，徐應鑣的妻子方氏、三名子女徐琦、徐松、徐元娘，也都有臨終詩，這在臨終詩發展的歷史上，算是僅有的一例。徐應鑣的〈絕命詞〉：

> 二男幷一女，隨我上梯雲。烈士甘焚死，丹心照紫雯。〔註15〕

詩中慷慨陳述全家皆願殉國的忠忱，徐應鑣與子女登上梯雲樓自焚，被救起後，旋又投井而死。在度宗德祐二年，二宮被脅北行時，朱宮人（？～1276）不欲入燕，便與另一宮人陳氏及二小姬沐浴整衣，焚香自縊而死。朱宮人的〈遺詩〉：

> 既不辱國，幸免辱身。世食宋祿，羞爲北臣。妾輩之死，守于一貞。
>
> 忠臣孝子，期以自新。〔註16〕

趙翼認爲：「歷代以來，捐軀殉國者，惟宋末獨多，雖無救於敗亡，要不可謂非養士之報也。」〔註17〕丁國智認爲在宋代末年，「臨危一死報君恩」是宋人最眞實的寫照。〔註18〕有些詩人在國難之後，雖未殉國，但至終老臨死仍以家國爲念，並將這種情懷寫入臨終詩，如魏行可（？～1136）的〈自誓〉、陸游（1125～1209）的〈示兒〉、趙孟僩的〈臨終口占〉等。

二、道家的生死哲理

《老子》說：「夫物芸芸，各歸其根。歸根曰靜，是謂復命。復命曰常，知常曰明。」〔註19〕老子認爲萬物都在流轉中，人要順應這種天道。

〔註12〕《全宋詩》二十九，頁 18804。
〔註13〕《閩詩錄》引《蘭陔詩話》：「子華，靖康二年隨駕北狩，題詩驛壁，遂自經卒。」
〔註14〕《全宋詩》二十七，頁 17448。
〔註15〕《全宋詩》六十七，頁 42032。
〔註16〕《全宋詩》七十，頁 43990。
〔註17〕清・趙翼著 王樹民校正，《廿二史札記校正》卷二十五（北京：中華書局，1984 年），頁 534。
〔註18〕丁國智，《宋代絕命詩研究》（淡江大學碩士論文，2009 年），頁 88。
〔註19〕朱謙之撰，《老子校釋》（臺北：華正書局，1986 年），頁 65～66。

莊子認為，人與萬物同樣是根源於道的流轉與氣的聚散所成。「道」是自然的規律，「氣」則是構成萬物的原始物質，如莊子所言：「人之生，氣之聚也。聚則為生，散則為死。」〔註20〕人與萬物既然同樣是「自然」的產物，就應從「自然」的角度來談論人的「生」與「死」。他以「道」的角度來觀照，提出了「齊生死」的觀點，強調「生也，死之徒；死也，生之始」〔註21〕，所謂「以死生為一條」〔註22〕。認為人若能平等的觀照生死，就能「安時而處順，哀樂不能入也，此古之所謂縣解也」。〔註23〕

在宋代臨終詩中，彰顯道家思想的作品不多，舉兩例如下：

鄒夢遇（？～1211）的〈臨終歌〉：

> 嘉木扶疏兮，鳥鳴關關。暑風舒徐兮，庭中閒閒。起視天宇兮，浩乎虛澄。〔註24〕

蔡振（？～1149）的〈臨終口占〉：

> 生也非贅，死兮何缺。與時俱行，別是一般風月。〔註25〕

像這類屬於道家思想的詩，或書寫自然嘉景及忘生死的襟懷，或表達與時俱行的智慧，都顯現出對生死的超越，以及逍遙於大化的曠達。

三、道教的生死哲理

道教的起源有多種說法，趙翼在《陔餘叢考》中說：「秦漢以來，但有方士為神仙之說，無所謂道家者。以老聃為道教始祖、張陵為大宗，則始於北魏寇謙之，而唐時乃盛行。」〔註26〕目前學術界所說稱的道教，是指在中國古代宗教信仰的基礎上，承襲了方仙道、黃老道、和民間天神信仰等思想，奉太上老君為教主，追求修鍊成為神仙的一種中國的宗教。

道教認為人的形體通過一些形式的鍛煉可以長生不死，例如五代北宋初著名的道教學者陳摶，《宋史》言其《指玄篇》八十一章，言導引及還丹之

〔註20〕清・郭慶藩輯，《莊子集釋》（臺北：漢京文化事業，1983 年），頁 733。

〔註21〕清・郭慶藩輯，《莊子集釋》，頁 733。

〔註22〕清・郭慶藩輯，《莊子集釋》，頁 205。

〔註23〕清・郭慶藩輯，《莊子集釋》，頁 128。

〔註24〕《全宋詩》五十，頁 31347。

〔註25〕《全宋詩》三十，頁 19428。

〔註26〕清・趙翼，《陔餘叢考》卷三十四（台北：新文豐出版股份有限公司），1975 年，頁 27。

事。〔註27〕《陰眞君還丹歌註》也是講解內丹修煉的著作，它根據天地方位、五行所屬、陰陽交感、四時運轉的道理，說明人身臟器部位，修煉的時機、方法和功效。宣揚「以身口爲爐」、「以宮室爲灶」，默心修煉，達到「上元氣結成寶，下元氣入崑崙，泥丸註爲珠，可照三千大千世界」，成爲「眞仙」的最高境界。〔註28〕道教的信仰以神仙信仰爲核心內容，修道成仙爲其終極目標。所以，道教面對人的生死問題，是把重點擺在「長生」與「不死」上。

　　《全宋詩》中道教思想者約 30 人，道士身分的有 19 人。〔註29〕在宋代道教的臨終詩中，幾乎都是圍繞著「成仙」的主題。舉兩例如下：

　　王世寧〈臨終作〉：

　　　翠羽旌幢仙子隊，紫雲樓閣玉皇家。人間風雨易分散，回首五陵空落花。

　　林靈素（1075～1119）〈頌〉：

　　　四十五歲勞生，浮名滿世崢嶸。只記神霄舊路，中秋月上三更。
〔註30〕

在道家的臨終詩中，多有對死亡呈現著成仙駕雲的歸去，例如曹文姬〈送春〉的：「況有碧霄歸路穩，可能同駕五雲遊。」〔註31〕劉季孫〈詩三首〉的「艮上巽宮爲進發，千車安穩渡銀河。」〔註32〕楊權〈臨終偈〉的「撥轉雲頭歸去，曉日東升赤然。」〔註33〕在這些詩句中充滿了神仙的色彩。

第二節　宋代禪宗臨終偈的生死哲理

　　佛教的生死，有所謂「分段生死」和「變易生死」，所謂「三惑〔註34〕

〔註27〕元・脫脫，《宋史》卷四百五十七，頁 13421。
〔註28〕道教學術資訊網站。
〔註29〕《全宋詩》中有言道人、道士、修道者十九人爲：魏元吉、鄒希衍、陳景元、何示昭、王道堅、林靈素、薛道光、陳楠、王文卿、馮觀國、傅得一、紹興道者、朱道人、醉道人、張道成、楊權、朱眞靜、湯道亨、上官道人。
〔註30〕《全宋詩》二十四，頁 15814。
〔註31〕《全宋詩》三，頁 1998。
〔註32〕《全宋詩》三，頁 8372。
〔註33〕《全宋詩》五十三，頁 32973。
〔註34〕三惑：見思惑、塵沙惑、無明惑。

俱盡」、「二死永亡」，二死是「分段生死」和「變易生死」。小乘阿羅漢只破「分段生死」，大乘還要進破「變易生死」。禪宗是大乘，所謂「明心見性」，即是要破「無明惑」，證見自己的本來面目。這本來面目即是所謂「自性」、「真如」、「法性」等，名詞雖然不一，所指的都是「如來藏」。在生死上，則以「法身」爲陳說，而「法身」也是宋代禪宗臨終偈中的核心思想。

臨終偈至宋代而大盛，禪宗的臨終偈已經成爲宋代臨終書寫的主流。在這些臨終偈中，除了辭世、咐囑、敘事、申懷等內容外，有大部分是對學人作生死解脫之道的開示。這些生死的解脫之道，可以大致包分成三部分，即對法身體性的描述、證知法身的修持方法，以及生死的哲理。

一、對法身體性的描述

「自性」是禪宗的核心思想，「自性」的體性，依《壇經‧行由品》記載，五祖爲惠能說《金剛經》，至「應無所住而生其心」時，惠能於言下大悟，了知「一切萬法，不離自性」，遂啓五祖言：「何期自性，本自清淨；何期自性，本不生滅；何期自性，本自具足；何期自性，本無動搖；何期自性，能生萬法。」〔註35〕這五個「何期自性」的表述，是整個惠能禪體系的概括，同時也是禪宗對自性所具屬性的歸納。禪宗肯定的眾生皆具佛性，《六祖壇經箋注》對自性的註解：

> 上自諸佛菩薩，下至蠕動蠕飛之生類，其品類雖千差萬別，無非以不變之真性爲體。若迷於此真性，則爲煩惱所覆障，而成生死流轉。若悟此真性，則能出離生死，而得入於涅槃。此其性謂之自性，即本有之自性也。其自性不遷不變，又謂之如來之自性，又名爲真如，又謂之自性真如。自性之本佛備於己身，其本佛，謂本有之自性也。
> 〔註36〕

禪者爲解脫生死學佛參禪，目的就在於「明心見性」，悟到自己的「自性」，了達這自我的「自性」本無生死、不變不遷，即可當下解脫，入於自我清淨的涅槃。在宋代禪宗臨終偈中，並沒有出現過真如自性等名詞，但偈中之義，多環繞著對真如自性、以及對真如自性的證悟之道。真如自性亦即是「法身」，「法身」是禪宗臨終偈中的核心思想。

〔註35〕唐‧法海撰，丁福保注，《六祖壇經箋注》，頁80。
〔註36〕唐‧法海撰，丁福保注，《六祖壇經箋注》，頁66。

在「法身」體性的描述上，如雲門宗的倚遇、義懷、法秀；曹洞宗的警玄、道楷、正覺；臨濟宗的省念、楊億；黃龍派的守卓；楊岐派的慧遠、師觀、慧開等人，在這些禪者的臨終偈中，或寫其體性的無相、涵蓋乾坤、湛然圓寂、同於太虛，或突顯的是法身的本無去來等，都對「法身」的體性有種種描述，再以雲門宗的雲豁爲例。

雲豁禪師早年參訪諸方禪院，後來在清涼智朋禪師門下開悟。〔註37〕他歸住於寶龍寺時，眞宗皇帝遣使召他入見，訪問宗要，賜號圓淨，並將他所住的寶龍改爲祥符以爲旌揚。他在示寂日作〈辭眾偈〉：

> 天不高，地不厚，自是時人覻不透。但看臘月二十五，依舊面南看
> 北斗。

天高地厚、南北方位、月日之時，都是在現實上的認知。這種種的認知在禪家來看，也都只是思量作用所呈現的差別相而已。因爲，山河大地，萬象森羅，無非都是法身的變現。在法身的體性上，超越了種種的名相，是無高低、無古今、無南北的，雲豁這首〈辭眾偈〉所描述的是法身體性的超越性。

二、證知法身的修持方法

禪宗爲斷生死，在對法身的參究方法上，是秉承禪宗一貫之旨，即是要「自悟本心」。例如雲門宗曉聰的自悟本心、契嵩的制情；黃龍派的慧南、悟新、從悅等，主張不可尋文追義，而要回歸自性識心達本；楊岐派的紹隆、慧遠、鼎需、道沖、智愚等都要學者離一切執著，離一切思慮知解，打破知見，實修實證，直向父母未生之前的面目，再以法眼宗的遇安爲例。

遇安初出家時，修習天台宗，一日讀《首楞嚴經》，讀至「知見立知，即無明本。知見無見，斯即涅槃」之時，忽然有所省悟，於是改其句讀爲：「知見立，知即無明本。知見無，見斯即涅槃。」有人告訴遇安「破句了也」，遇安卻說：「此是我悟處，畢生不易。」〔註38〕吳言生以爲遇安的改動，將知見徹底清除出禪悟之門，與法眼宗「般若無知」的宗風若合符契。〔註39〕

北宋至道元年（995）三月，遇安臨終前，有位名叫蘊仁的法嗣弟子侍立

〔註37〕《五燈會元》卷十五：（雲豁）問：「佛未出世時如何？」涼曰：「雲遮海門樹。」
　　　　曰：「出世後如何？」涼曰：「擘破鐵圍山。」師於言下大悟，涼印可之。
〔註38〕依據宋·道原，《景德傳燈錄》卷二十六，頁1703。
〔註39〕吳言生，《禪宗詩歌境界》，頁203。

於旁，遇安作〈將卒示嗣子蘊仁〉：

> 不是嶺頭攜得事，豈從雞足付將來。自古聖賢皆若此，非吾今日爲
> 君裁。〔註40〕

偈中表示祖師傳法，在於知見的破除，既不是大庾嶺頭達摩初祖將禪法攜來東土，也不是迦葉尊者在入雞足山前，對阿難的說偈付法。眾生應知各自本具佛性，迦葉只是悟得本性，此本性同諸佛心，自古聖賢傳道，皆是要人證悟自心本性，而不是藉由外在的傳承可得，這種自悟本心的修證方法，也是禪宗的一貫之旨。

三、生死哲理

在宋代禪宗臨終偈中，禪者所闡發的生死哲學，可以分成諸法如夢、色身無常、法身常存、本無生死等四項。這些臨終偈的哲學思想，正可以提供我們了解臨終偈的終極關懷，並幫助我們了解生命的實相，進而建立積極正面的人生態度，直至生命的最後階段，也能安然的接受死亡。

（一）諸法如夢

《大智度論》中對諸法有十種比喻：「解了諸法如幻、如焰、如水中月、如虛空、如響、如楗達婆城、如夢、如影、如境中像、如化。」〔註41〕「如夢」是十種比喻之一，爲後世禪門所常用。例如《景德傳燈錄》卷五的司空山本淨禪師，有近臣問他：「此身從何而來？百年之後復歸何處。」本淨說：「如人夢時從何而來？睡覺時從何而去？」又說：「夢時不可言無，既覺不可言有。雖有有無，來往無所。」並自言：「貧道此身亦如其夢。」然後作了一偈：

> 視生如在夢，夢裏實是鬧。忽覺萬事休，還同睡時悟。智者會悟夢，
> 迷人信夢鬧。會夢如兩般，一悟無別悟。富貴與貧賤，更亦無別路。
>
> 〔註42〕

「諸法如夢」是佛教的基本教義，《師資承襲圖》也說「牛頭宗意者，體諸法如夢……乃至設有一法達於涅槃，亦如夢如幻。」〔註43〕在《全宋詩》臨終

〔註40〕《全宋詩》一冊，頁169。

〔註41〕龍樹菩薩著，鳩摩羅什譯，《大智度論》卷六（台北：眞善美出版社，1967年），頁101。

〔註42〕宋·道原，《景德傳燈錄》卷五，頁225～226。

〔註43〕唐·宗密，《中華傳心地禪門師資承襲圖》《卍新纂續藏經第六十三冊》，頁1225。

偈中，有十例以「夢」來作比喻。例如：

釋慧元〈示寂偈〉：

五十五年夢幻身，東西南北孰爲親。〔註44〕

釋宗印〈辭眾頌〉：

誰多誰少，一般作夢。〔註45〕

釋師體〈辭眾偈〉：

七十二年，搖籃繩斷。〔註46〕

釋法忠〈示寂頌〉：

六十六年，遊夢幻中。〔註47〕

釋妙印〈辭世偈〉：

六十九年，一場大夢。〔註48〕

釋淨如〈頌〉：

六十九年一夢身，臨行何用忉二說。〔註49〕

釋淨元〈投海頌〉：

我捨世間如夢，眾人須我作頌。〔註50〕

釋正覺〈偈〉：

夢幻空花，六十七年。〔註51〕

邛州僧〈臨刑口占〉：

夢幻色身從敗壞，閑田盧樹已成枝。〔註52〕

李智遠〈今朝〉：

四十三年處世中，夢中成夢又成空。〔註53〕

這十例多先述年歲短長，再表達生平如夢。馬祖道一示疾時，院主問：「和尚

〔註44〕《全宋詩》十三冊，頁 9075。
〔註45〕《全宋詩》二十二冊，頁 14802。
〔註46〕《全宋詩》三十五冊，頁 22336。
〔註47〕《全宋詩》二十八冊，頁 18281。
〔註48〕《全宋詩》五十九冊，頁 36795。
〔註49〕《全宋詩》二十四冊，頁 15727。
〔註50〕《全宋詩》二十四冊，頁 15817。
〔註51〕《全宋詩》三十一冊，頁 20044。
〔註52〕《全宋詩》三十一冊，頁 20091。
〔註53〕《全宋詩》六十八冊，頁 42869。

近日尊候如何？」馬祖說：「日面佛，月面佛。」〔註54〕根據《佛名經》的記載，日面佛的壽命一千八百歲，月面佛的壽命一日一夜。馬祖道一在面臨著死亡之際，以「日面佛，月面佛」一語來表達他對生命長短的一如。生命如夢似幻，所以無論長短，也都如釋宗印〈辭眾頌〉中所說「誰多誰少，一般作夢」罷了。

（二）色身無常

六祖惠能在《壇經・機緣品第六》中說：「一切眾生皆有二身，謂色身法身也。色身無常，有生有滅。法身有常，無知無覺。」〔註55〕在色身方面，惠能在《壇經・懺悔品第六》說：「皮肉是色身，色身是舍宅，不言歸依也。」〔註56〕又說：「性在身心存，性去身心壞。」〔註57〕這就明白表示了色身與法身的差別，死就是法身離開了色身。智暉禪師臨終示偈也說：「我有一間舍，父母為修蓋。」〔註58〕言明皮肉的色身，如舍宅一樣，死亡的只是色身。在佛教中，認為色身僅是四大的和合。《圓覺經》云：

> 我今此身，四大和合。所謂髮毛爪齒，皮肉筋骨，髓腦垢色，皆歸於地；唾涕膿血皆歸於水；暖氣歸火；動轉歸風。四大各離，今者妄身當在何處？〔註59〕

我們這個色身，只是四大和合，當四大分離時，這個虛妄的色身也會隨之消亡。《全宋詩》臨終偈在「色身無常」的解悟上，多以「四大」的分散為說，例如：

釋克文〈遺偈〉：

> 今年七十八，四大相離別。火風既分散，臨行更休說。〔註60〕

釋淨如〈頌〉：

> 四大幻形，徒勞口別。緣會而生，緣散而滅。一片虛空，本無口缺。
> 六十九年一夢身，臨行何用忉二說。〔註61〕

〔註54〕宋・普濟，《五燈會元》，頁130。
〔註55〕唐・法海，丁福保注，《六祖壇經箋註》，頁193。
〔註56〕唐・法海，丁福保注，《六祖壇經箋註》，頁55。
〔註57〕唐・法海，丁福保注，《六祖壇經箋註》，頁133。
〔註58〕宋・道原，《景德傳燈錄》卷二十，頁1225。
〔註59〕大正新脩大藏經第十七冊，No. 842《大方廣圓覺修多羅了義經》。
〔註60〕《全宋詩》十一冊，頁7368。
〔註61〕《全宋詩》二十四冊，頁15727。

釋智策〈辭眾偈〉：

> 四大既分飛，煙雲任意歸。秋天霜夜月，萬里轉光輝。〔註62〕

另外，釋慶閑〈遺偈〉的「露質浮世，奄質浮滅。」〔註63〕儼和尚〈遺偈〉的「四大之身，水月空雲。」〔註64〕這些皆在說明色身僅是「四大」的組合，並以「四大」的分散來說明色身的死亡現像。但這「四大」只是色身的「我」，而不是眞正的「我」。《涅槃經》云：「四大之中何者是我？地性非我，水火風性亦復非我。」〔註65〕所以，生死的現象只是色身的生死而已。

（三）法身常存

法身是相對色身而言，法身才是眾生眞正的自己。法身在時間上來說，是亙古常存的。《六祖壇經》中說色身無常，法身有常，〔註66〕色身是四大五塵等色法而成之身，是有生有滅的，而法身則是沒有生滅的。《楞伽師資記》說：

> 故佛性猶如天下有日月，木中有火，人中有佛性，亦名佛性燈，亦
> 名涅槃鏡，明於日月，內外圓淨，無邊無際。猶如煉金，金質火盡，
> 金性不壞，眾生生死相滅，法身不壞。亦如泥圍壞，亦如波浪滅，
> 水性不壞，眾生生死相滅，法身不壞。〔註67〕

「法身」即是「自性身」，就是成就佛性的身體，法身最明顯的特性是有常住義，不隨色身的敗滅而消失。

宋代禪宗的臨終偈中，有諸多對自性本體的描述、如法身的長存、本無生死。禪宗的解脫是在當下，而「涅槃」也不是於死後才證入，而是在開悟的當下，證見自己的「本來面目」，這「本來面目」就是眞正的我，就是「佛性」。這種「法身不壞」的解脫觀，廣泛的表現在這類的詩作中，如釋宗本的〈遺偈〉：

> 百骸潰散尋常事，一物常靈識者稀。爭似大梅知底意，無聲三昧證
> 緣知。兩年脾疾苦相攻，瘦骨崚嶒鶴足同。賴有眞常無病者，湛然

〔註62〕《全宋詩》三十七冊，頁 23400。
〔註63〕《全宋詩》十一冊，頁 7731。
〔註64〕《全宋詩》十六冊，頁 10686。
〔註65〕《大正藏》十二冊，《涅槃經》卷十二，頁 434b1～2。
〔註66〕唐・法海，丁福保注，《六祖壇經箋註》，頁 193。
〔註67〕唐・淨覺，《楞伽師資記》，收入李淼編《中國禪宗大全》一（高雄：麗文文化公司，1994 年），頁 155～156。

常在寂光中。〔註68〕

宗本兩年來受到脾疾的病苦，身體的潰散本來就是尋常的事情，但在無常的身體之中，藏著不會生病的眞如本性，於寂光中湛然常照。又如慧昌的〈偈〉：

擔板老翁，性本虛空。永劫不死，明月清風。〔註69〕

除此之外，儼和尚的〈遺偈〉、源禪師〈臨終偈〉、釋智策的〈辭眾偈〉、張商英的〈臨終偈〉、釋慧元的〈示寂偈〉等，這類的偈頌中，都說明「法身」是獨立於四大之外，不因色身的幻滅而幻滅，而是互古常存的。

（四）本無生死

禪宗主張看破四大五蘊的人身，以獲得心靈的解脫，色身的生死是尋常的事情，而法身是湛然常存，本無生死去來的。《景德傳燈錄》卷二十八，慧忠有一段話：

此身即有生滅，心性無始以來未曾生滅。身生滅者，如龍換骨，蛇脫皮，人出故宅。即身是無常，其性常也。……彼云：我此身中有一神性，此性能知痛癢。身壞之時，神則出去，如舍被燒，舍主出去，舍即無常，舍主常矣。〔註70〕

慧忠認爲色身有生滅，而心性無生滅，色身是無常的，而心性是離卻色身而永恆存在的。希遷也曾開示人在臨命終時的解脫之道：

但觀五蘊皆空，四大無我，眞心無相，不去不來。生時性亦不來，死時性亦不去，湛然圓寂，心境一如。〔註71〕

人在臨命終時，要觀想色身的虛妄，而沒有形相的法身是不來不去的。宋代禪宗的臨終偈中，對法身「本無生死」的描述，舉三例如下：

釋元聰〈臨終辭眾偈〉：

來未嘗來，去未嘗去。七十四年，月印寒渚。〔註72〕

釋祖珍〈臨終偈〉：

生本無生，死本無死。生死二途，了無彼此。〔註73〕

釋淨慈東叟〈辭世頌〉：

〔註68〕《全宋詩》二十九冊，頁18813。
〔註69〕《全宋詩》二十二冊，頁14985。
〔註70〕宋・道原，《景德傳燈錄》卷二十八，頁1789～1790。
〔註71〕《黃藥禪師宛陵錄》，收入《禪宗集成》13，頁8977。
〔註72〕《全宋詩》四十七冊，頁29015。
〔註73〕《全宋詩》二十九冊，頁18453。

　　南山未落句，未舉先分付。生也何曾付，死也何曾死。〔註74〕

「本無生死」是透過「色身無常」、「法身常存」，對法身本無出沒性的描述。這種對法身「本無生死」的書寫，還有晏和尚的〈臨終偈〉、釋法慈的〈臨終頌〉等。

小　結

　　死亡是哲學的命題，哲學提供人面對死亡時的態度。在宋代臨終詩的寫作中，可以很明顯的分類出儒家、道家、道教，以及禪宗四家，各以其不同生死哲學之內蘊，而有不同的生死之態度及實踐。

　　在各家的生死哲理中，儒家以道德爲最高價值，認爲人應爲道德而生，爲道德而死，所以在臨終詩的呈現上，應是中國歷史上殉國詩作最多的一個朝代。臨終詩中充滿忠義的愛國情感，表現出宋代儒家的風範節操。相形之下，道家、道教和禪宗，卻沒有任何一首殉國之作，這也可以看出各家哲學對生死的態度。

　　道家以自然爲根本，主張人應順自然而生，順自然而死。宋代道家的臨終詩作不多，但可以呈現出道家的逍遙曠達、死生一如的生死態度。道教以成仙爲最高境界，認爲人藉由身心的修練，可以長生不死。所以宋代道教的臨終詩中，充滿著神仙的色彩，以死亡是向天界的飛昇。

　　宋代禪宗臨終偈中，在生死的哲理上，以「諸法如夢」說明人生的有如夢幻、以「色身無常」來打破人們對色身的執著、以「法身常存」說明在本體上眞我的常存、以「本無生死」的本體現象來安頓生死的問題。前兩項是抽釘拔鍥，解構現實的組合幻相，後兩項是揭發實相，宣明法身的眞實體性。

　　從宋代臨終詩中，可以看出儒家、道家、道教，因爲不同的生死哲學，而有不同的精神表現。儒家重視道德的實踐，在生死的決擇上，以「行義」爲最高準則，有慷慨壯烈之美；道家順時忘死，以自然的角度審視生死，不加哀樂於其中，有曠達恬淡之美；道教嚮往神仙，以成仙爲終極目標，有飄渺凌雲之美；而禪宗則在法身的本體體性上，闡發禪宗生死哲理的精髓，對安頓生死點燃一盞智慧的明燈之外，禪宗的臨終偈更呈現出多面向而深廣的美學。

〔註74〕《全宋詩》六十二冊，頁 39025。

第三節　宋代禪宗臨終偈的生死美學

　　禪宗除了以宗教修行見長，在美學思想上也影響了中國文學在美學上的發展。正如祁志祥認爲佛教本無意見立什麼美學，但佛教經典闡發其世界觀、宇宙觀、人生觀、本體論、認識論和方法論時，又不自覺地透示出其豐富的美學意涵，孕育、胚生出許多耀眼的美學思想。〔註75〕劉方認爲禪宗美學是眞正向死而生、向死而在的美學。〔註76〕所以，宋代禪宗的臨終偈，不但是禪者一生對生死的證量，也是禪者面對生死時所展現出來的生死美學。

一、生死與美學

　　禪宗的燈錄和相關書籍中，在對禪者死亡的描述上，除了以記述之筆寫其遺偈及死亡過程外，也有對其臨終胸臆之讚美，以張宗旦（？～1084）爲例。

　　張宗旦字公美，開封（今河南）人，曾任揚州都巡檢使、左藏庫副使，卒於神宗元豐七年。在孔武仲〈張公美偈言記〉中，對張宗旦的臨終，有極爲生動而深刻的敘述：

> 前卒之兩月，以書告訣于親識。病且革，群僧以誦經爲請，公美領之，遽問之曰：「何謂自在？」皆唯莫對，公美大書三十二字以示之。曰：「法本心生，心因法昧。有覺于此，是名自在。自在眞空，頓然明徹。去住尋常，曉然春雪。」已而目瞑，復寤曰：「吾意若未釋然者。」改其卒句曰「春風曉雪」，投筆而絕。……世之處山林誦釋老者，平居之日，飾行而高言若不可望，然生死之變或不能自達。而公美屬纊之際，神識不亂，視去其形骸而遊太空，若由東鄉適西里。顧其妻孥號慟於其側，如旅人相遇于市。而將散也，視其四體託於枕席，如浮雲墮葉，怡然而止其旁也，不如是安能出至言乎。公美既卒，九江之人皆能道其事，僧遵邈欲其傳于久也，將刻于石，屬余言其本末，故爲之書。〔註77〕

〔註75〕祁志祥，《佛教美學》（上海：上海人民出版社，1997年），頁3。

〔註76〕劉方，《中國禪宗美學思想發生與歷史演進》（北京：人民出版社，2010年4月），頁139。

〔註77〕宋・王達輯，《清江三孔集》卷十四（台北：台灣商務印書館）。

張宗且在生死之變時，超越形體的拘羈，行誼自達如此，從「浮雲墮葉」的描述中，展示著生死的美學。曾議漢認為禪宗美學的最高境界要求禪藝貫穿整個人生，即人生即藝術。〔註 78〕禪的美學既然可以貫穿整個人生，死亡自然可以是生命最後的一堂美學。

二、宋代禪宗臨終偈的生死美學

禪宗的生死美學，是禪師和居士生死修養的以身踐道。宋代禪宗臨終偈的生死美學，呈現著多面向而深廣的美。本論文以法身的圓明之美、生死無畏的超脫之美、隨運騰騰的曠放之美、遊戲自在的幽默之美、菩薩行道的大悲之美五項，來闡發宋代禪宗臨終偈的生死美學。

（一）法身的圓明之美

達磨東來，依《楞伽經》建立「深信含生同一眞性」的禪法，他在《達磨大師破相論》中引《十地經》云：「眾生身中，有金剛佛性，猶如日輪，體明圓滿廣大無邊，只為五陰重雲所覆，如瓶內燈光，不能顯現。」〔註 79〕這個「眞性」也就是清淨無瑕、眾德本具的法身。

以月亮比喻佛性見於佛經，因為月性的常住不變，成為佛經中對佛性常住不變的譬喻。〔註 80〕月亮也比喻眾生本具的佛性，例如《景德傳燈錄》卷二十五，玄則禪師云：「諸上座盡有常圓之月，各懷無價之寶。」〔註 81〕在宋代禪宗的臨終偈中，常以明月象徵法身的圓明之美，這樣以明月為喻者有 17 例。除了以明月象徵法身的清淨圓滿之外，以雲門曲為比喻者，有釋守卓的〈臨終前一日和雲門曲〉：

> 衲僧要唱雲門曲，六六從來三十六。曹源有個癡禪人，解道一生數
> 不足。數不足，不屬金石與絲竹。等閒一拍五音全，直道如弦已曲
> 錄。從教歲去年來，依舊山青水綠。〔註 82〕

〔註 78〕林慶彰，《禪宗美學研究》（台北：花木蘭文化出版社，2009 年 9 月），頁 88。

〔註 79〕梁・菩提達磨，《達摩大師破相論》，收入《禪宗集成》1，頁 16。

〔註 80〕例如《大般涅槃經卷》第九：譬如有人見月不現，皆言月沒而作沒想，而此月性實無沒也。轉現他方彼處眾生復謂月出，而此月性實無出也。……如是眾生所見不同，或見半月、或見滿月、或見月蝕，而此月性實無增減蝕噉之者，常是滿月。如來之身，亦復如是，是故名為常住不變。

〔註 81〕宋・道原：《景德傳燈錄》卷二十五，頁 1617。

〔註 82〕《全宋詩》二十二冊，頁 14538。

以玉爲喻者，有吉州龍泉縣一位賣豆腐的王老者。王老者在宋咸淳間，年歲八十六，平生樸素不識字。一日，他忽然令兒子代書一首，於說完後坐化。〔註83〕王老者的〈豆腐詩〉：

> 朝朝只與磨爲親，推轉無邊大法輪。碾出一團眞白玉，將歸回向未來人。〔註84〕

王老者以磨豆腐爲生，推轉磨輪的生涯如轉法輪，以「一團眞白玉」比喻法身，是宋代禪宗臨終偈唯一以玉爲喻的例子。像這樣以「月」、「雲門曲」或「玉」，都是顯發法身的圓明之美。

眾生的自性本然圓滿，達磨說：「雖處在五蘊色身中，其性本來清淨。」〔註85〕《心賦註》：「一切眾生，雖在諸趣，煩惱身中有如來藏，常無汙染，德相備足。」〔註86〕在宋代禪宗臨終偈的作者中，法明上座、道濟是兩位潛修密證的禪師，他們在臨終時，顯發其生涯上的顛蹶狼藉，無礙於法身的本然圓滿。

1. 法明上座

邢州開元寺的法明上座，依報本有蘭禪師，深得法忍。後來，他回到鄉里，生涯落魄，所謂：「多嗜酒呼盧，每大醉唱柳詞數闋，日以爲常。鄉民侮之，召齋則拒，召飲則從，如是數十年。」鄉里的人都指稱他是「醉和尚」。

一日，他對寺裡的僧眾說：「吾明且當行，汝等無他往。」眾人聽了竊笑不已。第二天清晨，他攝衣就座，大呼：「吾去矣，聽吾一偈。」眾人於是爭相奔來探視，法明於說偈後寂然不語，眾人在推撼他時，才發現他已然委蛻。〔註87〕其〈辭眾偈〉：

> 平生醉裡顛蹶，醉裡卻有分別。今宵酒醒何處，楊柳岸曉風殘月。
>
> 〔註88〕

法明上座自言平生在「醉裡顛蹶」，雖在醉中卻能有所覺照。吳言生認爲「卻有分別」，是一切都明歷歷、亮堂堂，盡陳眼前，酒醒之時，即是生命的圓成解脫之時，「楊柳岸曉風殘月」既是清純自爲的自然法則，也是圓成蟬蛻的本

〔註83〕元·劉壎，《隱居通議》十（台北：廣文書局，1971年），頁305。

〔註84〕元·劉壎，《隱居通議》十，頁305。

〔註85〕梁·菩提達磨，《達摩大師血脈論》收入《禪宗集成》1，頁8。

〔註86〕宋·延壽述，《心賦註》收入《禪宗集成》1，頁239。

〔註87〕依宋·普濟，《五燈會元》卷十六，頁1053。

〔註88〕《全宋詩》十六冊，頁10986。

來面目。〔註89〕

2. 釋道濟

釋道濟（1148～1209）十八歲時父母雙亡，守喪三年後，即前往杭州西湖的靈隱寺剃度爲僧，爲瞎堂慧遠的法嗣。道濟不守戒律，佯狂不飾細行，故被稱爲「濟癲」。慧遠圓寂後，他被迫轉到淨慈寺。他醫術精湛，又被百姓稱爲「濟公活佛」。他的〈辭世頌〉：

> 六十年來狼藉，東壁打到西壁。如今收拾歸來，依舊水連天碧。

〔註90〕

釋道濟以「東壁打到西壁」描述生平，當要收拾歸來時，顯現出法身同於清湛澄明的長天一碧。全大同爲道濟作《入龕文》引此頌作：「今日與君解釋，從前大戒不持，六十年來狼藉。囊無挑藥之金，東壁打到西壁。再覩舊日家風，依舊水連天碧。到此露出機關，末後好箇消息。」〔註91〕

禪宗的解脫生死是在當下，參悟自己的本來面目，證悟到法身不但本然圓滿，而且在時間上是永恆存在的，在法身得以永劫不死的基礎上，自然開展出生死無畏的超脫之美。

（二）生死無畏的超脫之美

法身在曠劫以來不曾生滅過，生死只是一心所起的幻相，所以達摩認爲「當生憂死是爲大惑」〔註92〕。諸法如夢幻，雖然色身無常，而法身有常，在無限的輪迴中，生死只是色身的轉換現象。眾生不了解這種實相，故而執著於生存而懼怕死亡。了達生命實相的禪師和居士，則無懼於死亡，而展現出生死無畏的超脫之美。

宋代禪宗的臨終偈中，「生死無畏」是其普遍性的展現，可以從作品本身和禪者臨終的風儀來說。在作品本身上，每一首的臨終偈，都表達出其對生死的坦然無畏，舉例如下：

釋法忠〈示寂頌〉：

> 六十六年，遊夢幻中。浩歌歸去，撒手長空。〔註93〕

〔註89〕吳言生，《禪詩研究》（一），頁585。
〔註90〕《全宋詩》五十冊，頁31105。
〔註91〕宋・沈孟拌述，《濟顛道濟禪師語錄》收入《禪宗集成》15，頁10186。
〔註92〕梁・菩提達磨，《達摩大師破相論》收入《禪宗集成》1，頁4。
〔註93〕《全宋詩》二十八冊，頁18281。

釋子深〈臨終偈〉：

> 衲僧日日是好日，要行便行無固必。虛空天子夜行船，摩訶般若波
>
> 羅蜜。〔註94〕

王林〈臨終詩〉：

> 平生不學口頭禪，腳踏實地性虛天。臨歸不用求纏裹，趁著帆風便
>
> 上船。〔註95〕

在禪者面對死亡的風儀上，所表現的是當行則行的生死無畏。例如拒絕召薦的法泉、世奇首座、道瓊、智朋四位禪師；報冤行的釋谷泉、僧宗回、邛州僧三人。又如道沖上堂自言：「要行便行，要去便去，八臂那吒攔不住。」然後屏醫卻藥而逝。〔註96〕法秀拒絕御醫候脈，說：「汝何為者也？吾有疾，當死耳，求治之，是以生為可戀也。平生『生、死、夢』三者無所揀。」〔註97〕揮手要御醫退去，更衣安坐，說偈三句而化。〔註98〕

諸此生死無畏的例子，在列表六中有詳細的整理。從中可知宋代禪宗臨終偈的作者，在其生死之際，或在偈中去意脫灑，或在臨終行儀上留即留，去即去，或氣色閒暇、或斥喝請偈、或談笑語默、或擲枕、或踞座說法、或投床枕臂，生死無礙於心，皆無畏怖之相，體現出生死之變時，超脫而無畏之風神。

（三）任運騰騰的曠放之美

《達磨大師悟性論》：「亦不得厭生死、亦不得愛生死。」〔註99〕一切眾生以生處為樂為執著，故而執生而畏死，若得無畏於生死，處於無處不安之境，則可隨運騰騰，處處自在。如《傳燈錄》說：

> 處於生死，其心自在，畢竟不與虛幻、塵勞、蘊界、生死諸入和合，
>
> 迥然無寄，一切不拘，去留無礙，往來生死如門開相似。〔註100〕

黃蘗山斷際禪師《傳心法要》也說：

> 凡人臨欲終時，但觀五蘊皆空，四大無我，真心無相，不去不來，

〔註94〕《全宋詩》三十七冊，頁22995。

〔註95〕《全宋詩》五十冊，頁31348。

〔註96〕宋・智沂等編，《痴絕道沖禪師語錄》卷下，頁10709。

〔註97〕宋・惠洪，《禪林僧寶傳》卷二十六，頁448。

〔註98〕宋・惠洪，《禪林僧寶傳》卷二十六，頁448。

〔註99〕梁・菩提達磨，《達磨大師悟性論》收入《禪宗集成》1，頁12。

〔註100〕宋・道原，《景德傳燈錄》卷六，頁279。

生時性亦不來，死時性亦不去，湛然圓寂，心境一如。但能如是直下頓了，不為三世所拘繫，便是出世人也。切不得有分毫趣向，若見善相諸佛來迎，及種種現前，亦無心隨去。若見惡相種種現前，亦無心怖畏，但自忘心，同於法界，便得自在，此即是要節也。〔註101〕

生死是「虛幻塵勞蘊界」的事，法身本無來去生死，故而對色身的生死是隨緣任運、率性適意的。在宋代禪宗的臨終偈中，表達這種任運騰騰者，舉例如下：

楊億〈詩一首〉：

漚生復漚滅，二法本來齊。要識真歸處，趙州東院西。〔註102〕

釋谷泉〈偈〉：

今朝六月六，谷泉被氣望。不是上天堂，便是入地獄。〔註103〕

釋道楷〈偈〉：

吾年七十六，世緣今已足。生不愛天堂，死不怕地獄。撒手橫身三界外，騰騰任運何拘束。〔註104〕

釋梵卿〈臨終偈〉：

五陰山頭乘駿馬，一鞭策起疾如飛。臨行莫問棲真處，南北東西隨處歸。〔註105〕

一般來說，人皆愛生惡死，愛天堂惡地獄，但在這幾首偈中，或表達著對於生死的一如，或表達著對天堂地獄的無所愛惡，一任法身無滯無礙的隨處而歸，充滿任運騰騰的曠放之美。

（四）遊戲自在的幽默之美

無門慧開曰：「於生死岸得大自由，向六道四時中游戲三昧。」〔註106〕六祖有言「遊戲三昧」，其意為超脫自在而不失正念，是一種在不失正念中，隨緣應機接物，無不自得的境界。《大智度論》七：

〔註101〕唐・裴休集，《黃蘗禪師宛陵錄》收入《禪宗集成》13，頁8977。
〔註102〕《全宋詩》三冊，頁1420。
〔註103〕《全宋詩》三冊，頁1496。
〔註104〕《全宋詩》十六冊，頁10983。
〔註105〕《全宋詩》二十冊，頁13454。
〔註106〕宋・無門慧開，《無門關》，載《禪宗語錄輯要》（上海：上海古籍出版社，1992年），頁865。

菩薩心生諸三昧，欣樂出入自在，名之爲戲，非結愛戲也。戲名自
在，如師子在鹿中，自在無畏，故名爲戲。是諸菩薩於諸三昧有自
在力、能出能入、亦復如是。……是諸菩薩，能三種自在，故言游
戲出生百千三昧。〔註107〕

這說明菩薩度眾要有住、出、入的三種自在。劉方認爲禪家的「游」，不僅是
能夠「履虛極、守妙明、飲眞醇、任清白」與道冥契，更重要的還在於不執
著於這種「眞常境界」，還要「入諸世間，眞契游戲三昧」〔註108〕，透顯出禪
宗「入」的自在。

宋代禪宗臨終偈所表現的是面對死亡的自在，禪者對於生死，能妙應諸
境、或以時至、或以厭紛爭、或以拒舉薦而趨死，皆以死生爲禪悅遊戲，以
淨端、慧日庵主爲例。

1. 釋淨端

據《禪林僧寶傳》卷十九記載，淨端（1032～1103）在觀看舞弄獅子時
頓契心法，他前往參齊岳禪師時，因機緣相契，不覺奮迅翻身作出狻猊之狀，
並獲得齊岳的印可，於是叢林便雅稱他爲「端獅子」。淨端曾獻偈給章惇、王
安石，吳興劉燾撰端塔碑讚其「然所獻二公偈，並出禪悅遊戲」。〔註109〕他後
來因病牙不癒，便對眾人說：「明日遷化去。」眾人以爲這只是戲語，但也戲
請他說偈，淨端便索筆大書，於五更時化去。〔註110〕〈偈〉曰：

端師子，太慵懶，未死牙齒先壞爛。二時伴眾赴堂，粥飯都趕不辦。
如今得死是便宜，長眠百事皆不管。第一不著看官，第二不著吃粥
飯。〔註111〕

〔註107〕龍樹菩薩著，鳩摩羅什譯，《大智度論》卷七（台北：眞善美出版社，1967
年），頁117。

〔註108〕劉方，《中國禪宗美學的思想發生與歷史演變》，頁42。

〔註109〕卍新纂續藏經，第八十三冊，No. 1577《羅湖野錄》卷一：章丞相子厚由樞
政歸吳，致端住靈山。繼遇有詔除拜，適遇翁體中不佳，進退莫擬。端投以
偈曰：「點鐵成金易，忠孝兩全難。子細思量著，不如箇湖州長興靈山孝感禪
院老松樹下無用野僧閑。」又嘗往金陵，謁王荊公。以其在朝更新庶務，故
作偈曰：「南無觀世音，說出種種法。眾生業海深，所以難救拔。往往沈沒者，
聲聲怨菩薩。」吳興劉燾撰端塔碑，荊公平時見端偈語稱賞之。曰：「有本者。
故如是然。」所獻二公偈並出禪悅遊戲。

〔註110〕宋・惠洪，《禪林僧寶傳》卷十九，頁367～371。

〔註111〕《全宋詩》十二冊，頁8337。

他在偈中以調笑之語，嘲弄自己的慵懶，因著齒牙的壞爛，以致無法正常飲食，在如此的狀況之下，死亡倒成了便宜的事。偈中以輕鬆幽默之筆，書寫著他面對生死如遊戲的自在。

2. 慧日庵主

據《五燈會元》卷十八記載，慧日庵主凡是遇人有所提問，他總是以「莫曉」來回答。有一天，他忽然對村邑中的人說：「吾明日行腳去，汝等可來相送。」於是大家都爭著來送他，以至道路擠滿了人。這時大家看見慧日庵主笑個不停，大眾便問他笑的緣故，他於是寫下一個偈子，然後投筆而逝。〔註112〕〈偈〉曰：

> 丘師伯莫曉，寂寂明皎皎。午日打三更，誰人打得了。〔註113〕

偈中同樣自稱自己凡事莫曉，慧日庵主平日及臨終偈中，所說的「莫曉」，是指不與見聞覺知通的自性本體，自性本體雖不與見聞覺知通，但本體寂然明皎，是超越見聞覺知的。他以自在幽默的方式辭世，也展現著禪者對生死的自在。

（五）菩薩行道的大悲之美

中國大乘佛學超越了小乘佛學所強調個人的了脫生死，大乘菩薩不住涅槃，不捨眾生，這種大無畏的救世精神與終極關懷，造就了大乘佛學大慈大悲、積極入世利他的菩薩精神。例如達磨在《略辨大乘入道四行》中的「稱法行」說：「法體無慳，於身命財，行檀捨施，心無恡惜。」〔註114〕禪師為三緣故出家——了脫生死、紹隆三寶、六道四生悉得解脫。這種大悲的精神，在宋代禪宗的臨終偈中展露無遺。

宋代禪宗的臨終偈中，禪者在臨終偈中殷殷垂教，或對自性本體的描述，或對宗門大事的揭示，或對門人後學的咐囑，或是以身為生死之教，都是展現出菩薩行道的大悲之美。例如崇嶽臨終時，猶垂二則語以驗學者：「有力量人因甚麼擡腳不起？開口不在舌頭上。」〔註115〕慧開讚曰：「松源可謂傾腸倒

〔註112〕依據宋・普濟，《五燈會元》卷十八，頁1165。

〔註113〕《全宋詩》十五冊，頁10183。

〔註114〕梁・菩提達磨，《菩提達磨大師略辨大乘入道四行觀》《禪宗集成》1，頁2。

〔註115〕宋・善開等編，《松源崇嶽禪師語錄》所附陸游撰〈塔銘〉，《禪宗集成》16，頁10775。

腹，只是欠人承當。」〔註 116〕可知禪師在臨終時，猶自勉勵學者，撈攎眾生，這也正是禪者以積極的態度，與自度度他的大悲精神進行內涵生命的完成。林慶彰認爲禪宗的美學不同於一般美學理論之特殊處，就是將宗教悲天憫人的情懷貫注於美學意境中，美學的意境中蘊藏著宗教對生命的終極關懷。〔註 117〕

禪師除了於自然臨終之外，有於刀兵劫中擁護眾生如妙普庵主、於海水爲患中捐身益物如釋淨元、釋淨眞，這三位禪師是較爲特殊的例子。其中妙普庵主的〈偈〉及釋淨元的〈投海偈〉，在事實上雖非臨終書寫，但詩人的思考中「即將死亡」是眞實的，這都是行踐著菩薩道的大悲精神。

1. 妙普庵主

在建炎初年，徐明叛變，賊軍經過烏鎮（浙江省桐鄉市）時大肆殺戮，百姓大多逃亡。妙普庵主便獨自前往，賊兵發怒要殺他，他說：「大丈夫要頭便斫取，奚以怒爲！吾死必矣，願得一飯以爲送終。」然後又索筆寫文以自祭，有「坦然歸去付春風，體似虛空終不壞。尚享！」之句，然後舉筷用餐，他的言行引起賊兵大笑。待吃完飯後，說偈：

> 劫數既遭離亂，我是快活烈漢。如今正好乘時，便請一刀兩段。
>
> 〔註 118〕

接著，他又大呼：「斬！斬！」賊軍在驚訝敬服之餘，稽首謝過並護衛他出來，因此，烏鎮的廬舍也免去被焚燒的厄運，他於刀兵中捨命的義行，使得道俗都對他更加欽重。〔註 119〕

2. 釋淨元

釋淨元三十歲時祝髮爲禪比邱（丘），住在錢塘楊村的法輪寺。他曾經遍參明師，在得法之後便隱居於舊廬之中。政和三年（1113），海岸崩毀一百多里，浸壞了民居，朝廷除了大築堤防，還派遣道士以鐵符鎮壓，並且建神祠以禳禬，但這都無法止住災難。

紹興三年（1133），一天，淨元對大眾說：「我釋迦文佛，歷劫以來，救

〔註 116〕慧開，《禪宗無門關》，收入《禪宗集成》13，頁 8475。
〔註 117〕林慶彰，《禪宗美學研究》（台北：花木蘭文化出版社，2009 年 9 月），頁 25。
〔註 118〕宋·普濟，《五燈會元》卷十八，頁 1178。
〔註 119〕依據宋·普濟，《五燈會元》卷十八，頁 1178～1179。

護有情，捐棄軀命，初無少靳，而吾何敢愛此微塵幻妄，坐視眾苦，而不赴救？」在六月五日，當時海風激濤，噴湧山立，圍觀的有數百人，淨元將褰衣入海時，大眾爭著挽引他，並且請他留偈。他笑著說：「萬法在心，底須言句，我不能世俗書，亦姑從汝請耳。」即高聲作〈投海偈〉兩首：

> 我捨世間如夢，眾人須我作頌。頌即語言邊事，了取自家真夢。
>
> 世間人心易了，只為人多不曉。了即皎在目前，未了千般學道。

〔註120〕

說完，他舉手辭別眾人，便踴身沉入海中。不多時，風平浪靜，遙見淨元端坐海面，順著海流回到岸上，自此海平無患。到了紹興五年（1135）四月八日，他忽然召集大眾說偈，安然坐化。〔註121〕其〈辭眾偈〉：

> 會得祖師真妙訣，無得無物亦無說。喝散烏雲千萬重，一點零心明皎潔。〔註122〕

釋淨元的〈投海偈〉偈中，勉人要自悟本心，〈辭眾偈〉則表達自我的證境，悟道之人了知空性，在臨終時，喝散如烏雲的色塵後，透出的是那一點空零之心的皎明光潔。

3. 釋淨真

淨真在嘉熙三年遊浙江諸剎，因錢塘江壩毀，江濤泛溢，漂蕩居民，淨真作偈〈呈安撫使趙端明〉：

> 海沸江河水接連，居民〔註123〕衝盪益憂煎。投身直入龍宮去，要止驚濤浪拍天。〔註124〕

他說完後便投身於大海，三日後從海上返回，對居民說：「我在龍宮說法，龍神聽受，此塘不復毀矣。」說完，又投身於海。趙端明感念他的德行，便把此事上呈於朝廷，朝廷敕賜淨真為「護國淨真法師」，並立祠於杭之會祠。

〔註125〕

〔註120〕宋·何薳撰，《春渚紀聞》卷四（北京：中華書局，1985），頁45。
〔註121〕依據宋·何薳撰，《春渚紀聞》卷四，頁45～46。
〔註122〕宋·何薳撰，《春渚紀聞》卷四，頁45。
〔註123〕《大明高僧傳》卷一作「民居」。
〔註124〕《續修四庫全書》《補續高僧傳》20，頁286。
〔註125〕根據《續修四庫全書》《補續高僧傳》20，頁286。

小 結

在宋代臨終偈的生死美學上，首先肯定的是眞如法身的圓明性，這是對「本體」的肯定。以這「本體」爲基礎，開展出面對生死時的生死無畏、任運騰騰、遊戲自在之用，以及對眾生的終極關懷。

禪宗的生死解脫之道，在於對「眞我」的發悟，這個「眞我」是每個人本具的珍貴寶藏。「眞我」的本體不但是圓滿清淨、萬德具足，也是永恆的存在。了悟自我這個圓美永恆的本體，本就沒有生死，色身的出沒都是法身的變現，自然開展出生死無懼無畏的超脫。禪宗是大乘佛教，既求自度也要度人，故而在色身的生死輪迴中，以任運自在、以遊戲三昧隨緣度化眾生，隨緣面對分段的色身生死，實踐大悲的菩薩之行。所以，禪宗臨終偈中的美學，是從眞如自性的揭發，到生死無畏、隨運自在、遊戲三昧的展現，而以個體對自我及群體之終極關懷爲目標。

劉方認爲，禪宗美學是對生命存在、價值、意義的詩性之思，是對於存在的本體論層面的審美之思。〔註126〕宋代禪宗的臨終偈中，所呈現的五個層面的生死美學，正可以涵蓋這種生命存在、價值、意義、本體層面的審美，呈現出宋代禪宗臨終偈作者在生死上的美學實踐。

〔註126〕劉方，《中國禪宗美學思想發生與歷史演進》，頁18。

第十一章　結　論

　　生死是哲學的命題，而生死的哲學也提供我們對生命的態度。如何建立正確的死亡觀，爲現代教育重要的一環。對於生死問題的終極關懷，在近年已經發展成爲「全人教育」。本章論文以宋代禪宗臨終偈以「法身」爲核心的解脫之道、及宋代禪宗臨終偈文學藝術兩個面向，來闡發宋代禪宗臨終偈的價值；並以宋代禪宗臨終偈對現代生死學的啟示，來探討宋代禪宗臨終偈歷久彌新的生死智慧。

第一節　宋代禪宗臨終偈的價值

一、以「法身」爲核心的解脫之道

　　佛教教義中的三世因果和六道輪迴，是很重要的兩個思想，這兩個思想也直接說明了人的死亡並非斷滅。禪宗雖然也講三世因果和六道輪迴，但在解脫生死方面，生死解脫的重點在於明心見性，即是建立在一個終極的本體——「法身」的肯定和覺悟上。

　　在對宋代禪宗臨終偈的研究上，本論文從宋代臨濟宗、曹洞宗、雲門宗、臨濟宗黃龍派、臨濟宗楊岐派中，選擇禪師 27 人、文人 3 人，作爲宋代禪宗臨終偈的代表人物。綜觀這三十位禪者的生平，可以了解這些禪者爲生死大事，他們或出家行腳尋師訪友，或在家參學禪法，他們參禪的目的都在於了脫生死，了脫生死是禪宗各派共同的終極關懷。

　　這些禪者爲了「了脫生死」而參禪，參禪的最終目的都是爲求開悟，開悟即是「明心」，也就是明白無始劫來，即已存在的這個本心。這個本心就是

「自性」，也就是「法身」。這些禪者從疑惑如何有生死，進而參禪如何出生死，再進而明白本無生死。當這些禪者開悟後，以生死禪法接引後學，對了脫生死的下手入處，用功方法，通關消息，都在這些生死禪法中。

宋代禪者臨終以偈辭世，其臨終偈的內容廣泛，從臨終偈的敘事內涵來看，敘寫辭世的年齡，在於說明色身的如夢，交代後事也多在教示色身的無常，這兩者都寓「法身」恆常之意於言外。其臨終申懷、拒絕召薦，他們的自由來去，顯現著「法身」之大用。「報冤行」的履踐，也從「法身」存有的觀點來明白因果的道裡。所以，從宋代禪宗臨終偈的敘事內涵來看，都立基在「法身」存有的基礎上。

宋代禪宗臨終偈在了脫生死上，重在闡述「法身」的體性、參究的方法、以及總約生死哲理三個方面。在「法身」的體性上，除了描述「法身」的無相性、圓明性和超越性，也闡發著「法身」與天地同根、本無出入的恆常性，說明「法身」的體性本無生死，不生不滅。在參究方法上，都是要學者掃除情識，離一切執著，離一切思慮知解，打破知見，實修實證，直下承當我們這個了了分明，本自具足的「法身」。在生死哲理上，就是把「法身」從「色身」中分別出來，「色身」的衰敗是四大終會分散的必然；但「法身」則不生不滅，是超越生死的本體，這些論說都是繞著「法身」這一核心，宣說這個「法身」的常住不壞。

臨終偈除了敘事內涵、「法身」的體性、參究的方法、生死哲理均以「法身」為核心之外，宋代禪宗臨終偈的美學中，所彰明的是「法身」的圓明之美，其生死無畏、騰騰任運、遊戲自在，也都是在了達「法身」本無生死去來的實相上，所呈現出來的生死美學。「法身」具有萬德，所以，禪者或在臨終偈中演說生死禪法，或書偈以明其在兵災、海難中擁護眾生，這也都是對「法身」德性的履踐。

綜觀宋代禪宗臨終偈的書寫，可以發現宋代禪宗臨終偈，不但是禪者對自我生死的證境，也是對學人最後的教誨。這些禪者的證境及教誨的內容，都立基在「法身」的基礎上。這種以「法身」為核心的解脫之道，正是宋代禪宗臨終偈所顯發出來的生死智慧，提供著學人向上一路。

二、宋代禪宗臨終偈的文學藝術

臨終詩作在中國歷史上源遠流長，在中國詩歌歷史上的作品雖然不多，

但因死亡的主題而占有一席之地。

　　禪宗的臨終偈，並不在中國臨終詩的基礎上發展，而呈現出禪宗臨終偈獨出一脈的特色。宋代禪宗臨終偈承唐、五代而繼續發展，在青原、南嶽兩系中，隨著宗派的開展而趨於繁榮，到了宋代，禪宗臨終偈的發展達到了歷史的最高峰，數量多、質量高，這在禪宗臨終偈的發展上，呈現最豐美多樣的成果，在文學表現方式上，呈現出禪宗臨終偈獨有的文學價值。

　　在詩題上，宋代禪宗臨終偈，多以「偈」或「頌」稱之，而道家及道教的 33 首臨終詩中，以「偈」或「頌」來作詩題者，亦高達 17 首，這是禪宗和道家及道教的臨終詩的共同特色。

　　在形式上，宋代禪宗臨終偈多以短小形式凝縮生死之思。除了整齊的四言、五言、六言、七言形式之外，另有其多樣的形式，例如如淨的〈辭世頌〉的形式是四四四四一七、釋法明的〈辭眾偈〉的形式是六六六七、釋清素的〈臨終偈〉的形式是四四七七，如此多樣的形式表現，是儒家、道家及道教的臨終詩中所不及的，這是宋代禪宗臨終偈在形式上最大的特色之一。

　　另外在意象的使用上，取象貼切而自然，有不可湊泊之美。在文字用語上，臨終偈動詞的靈活運用，生動的表達自性顯發的雄奇大用；言語的不可思議性，是禪宗「不說破」的原則體現；在詩歌風格上，或文雅典麗、或口語俗白，展現出臨終偈雅俗文白各異的風格。

　　宋代禪宗的臨終偈，不在中國臨終詩的基礎上發展，又不承接西方二十八祖，自六祖而獨立創發，一脈流傳至宋代而大盛。宋代禪宗臨終偈，其詩意深遠廣博，禪機精深幽微，這些禪師和居士的臨終偈，不但在形式、禪意、語言、風格上有獨到的闡發，展現出「禪家本色」，在數量上，宋代禪宗的臨終偈，也在整個中國歷史的詩歌中，作了最大量、最生動的死亡書寫。

第二節　宋代禪宗臨終偈對現代生死學的啓示

　　宋代禪宗臨終偈的價值，除了文學上的價值之外，臨終偈中所顯發的死亡智慧，也是現代生死學教育的珍貴教材。

一、回答生死學三問

　　面對生死的課題，通常有三件假設性的討論：「生從何來？死往何去？應

做何事？」〔註1〕這三個問題，可以說是人類對生死的大哉問。以宋代禪宗臨終偈所呈現的生死哲理，回答這三個問題，可以作爲現代人對安頓生死之參考。

在回答生從何來、死往何去之前，先說明這「生從何來？死往何去」中主詞的「我」。禪宗的「我」有本體意義，宋代禪宗臨終偈中，以明月、曲、玉來比喻我們這個清淨圓明的「法身」，這個「法身」才是眞我。《涅槃經》卷七：

> 佛言：善男子，我者即是如來藏義，一切眾生，悉有佛性，即是我義，如是我義，從本以來，常爲無量煩惱所覆，是故眾生不能得見。〔註2〕

佛所宣說的「我」，就是「如來藏」，就是「法身」。眾生之所以爲眾生，就是因爲被煩惱所覆。禪者要求開悟，即是要見到自己這本來的面目。所以，「我」這個問題可以分作「色身我」和「法身我」來陳說。

「色身我」是當前的我，有榮辱得失、有生老病死，一般人都以「色身我」爲我，執之而不捨。「法身我」爲眞正的自我，法身未曾有生死去來，我們的法身從無始劫來，一直都在這裡，只是我們迷於色塵而不自知，就如貧子不知衣中有一顆無價的明珠一樣。

在這個本體意義的「法身我」上，才可以更清楚的解釋「生從何來？死往何去」這個問題。以禪宗的「法身」思想而論，「色身」由「法身」所執持，「法身」爲根蒂，「色身」爲「法身」所生發的枝葉，生命的種種現象，以及山河大地都是「法身」的變現。這個「法身」本體是恆常的，這個觀念就展現了生命的永恆性。我們的「法身」本無生死，生死只是「色身」的生死，「色身」的來去都是「法身」的作用。就如米芾〈臨化偈〉所說的：「眾香國中來，眾香國中去。人欲識去來，去來事如許。」〔註3〕所以「生從何來？死往何去」這個問題，以禪宗的「法身」思想而言，「色身我」的來去，都是「法身我」的變現。而「法身我」是本無生滅，是圓明恆常的存在。

而「應做何事」這個問題，也可以從「法身」的基礎上展開，當我們看清生命的實相，知「法身」之諸德，並經由「色身」的踐道而實現，如此一

〔註1〕韋琮瑜，《生死學中學生死》（台北：法鼓文化，2010年7月），頁44。
〔註2〕大正新脩大藏經第十二冊，No. 374《大般涅槃經》。
〔註3〕《全宋詩》十八冊，頁12265。

來，在如夢幻泡影的人間，才有真正的安身立命之處。

二、安頓自我

　　人對死亡最直接的恐懼，一方面是懼怕失去生命，一方面是由於對死亡的無知。在色身方面，佛教常以色身為四大所成，也些禪者則以「皮袋」稱之。在宋代禪宗的臨終偈中，對色身的描述上，有多種的巧喻，例如以如燈如漚、如水月空雲、如影戲春雪、如夢幻空花等，來形容這色身的短暫及虛幻不實，說明這色身是隨緣聚而生，也隨緣散而滅的。

　　色身雖然短暫空幻，但禪家並沒有否定色身的功用。禪家所宣說的，一方面，是說明色身僅是四大所成的真相，另一方面，是對執著色身的人加以開示，他們對這種執色身為真我的錯誤，作出種種巧說譬喻，只是為了對這種錯誤的執著解纏去縛、抽釘拔鍥而已。知「法身」的永恆，悟「法身」之萬德具足，我們每個人都有如佛一樣的佛性，生命是一段邁向更完美的進程。以「法身」本無生死，破除好生惡死的心理，可提供現代人建立生死智慧的思路。這種思想對忙碌外逐的現代人，使之當下了知：在我們的身中，有一個本來清淨圓明的「法身」，是不生不滅，恆久常存的。這在生死教育上，對於恐懼死亡的人來說，當有著積極的作用。

三、活在當下

　　禪家並不是輕視色身，禪家重視體用的關係，色身是本體的作用，色身是為了成道辦道。例如警玄的生死觀，有無相之體及有相之用。法身無相，在色身的動用之間顯其作用。他說：「是身如泡幻，泡幻中成辦。若無箇泡幻，大事無因辦。」〔註4〕所以，雖然色身的死亡是必然的現象，但因為有著色身的死亡，使得生命的完成，有了積極的完成性。美國生死學家蘿絲（E.Roee）認為：

> 死亡是開啟生命之門的鑰匙，藉著接受我們個體存在的有限性，我們才能獲得力量和勇氣，以抗拒那些外在的角色及期待，而將我們生命的每一日——不管多麼長久——用來成長並圓滿地實現自我的一切潛能。〔註5〕

〔註4〕宋・惠洪撰，《禪林僧寶傳》卷十三，頁304～305。
〔註5〕Elissabeth Kubler Ross 著 孫震青編譯，《成長的最後階段》（台北，光啟出版

死亡是開啓生命之門的鑰匙，因著死亡，我們要在生命中圓滿地實現自我的一切潛能。因此，在「好生惡死」的觀念上，「好生」是善加珍攝色身，「惡死」是去掉斷滅的錯誤觀念，不再畏懼於色身的死亡。因爲雖然色身有時而盡，但眞正的我永劫無窮。在此一期的色身生死中，知即心即佛，知道這佛性的完成要在眾生中履踐，所以，自我德行的實踐，不但是自我的圓成，也是對所有生命的終極關懷。

從宋代禪宗臨終偈的生死哲理，不但宣明生命的實相，也可以安頓學人對生死的焦慮。禪師在臨終時的身行上，也呈現禪者歷緣對境的生死智慧及美學。所以，宋代禪宗臨終偈的書寫，可以提供現代生死學全方位的借鏡，讓學人了悟於自我內蘊佛性之無盡藏，而能在現實生活中抱持莊美的生活態度，將海德格認爲「向死亡的存在」，〔註6〕更積極爲「向佛的存在」，如此，自能開展出一條生死皆美的坦路。

社，1993 年），頁 239。

〔註 6〕海德格著，王慶節、陳嘉映譯，《存在與時間》（久大文化、桂冠圖書，1990年），例如頁 316：「死亡只存在於一種生存狀態上的向死亡存在」；又如頁 326：「在死亡中，關鍵完完全全就是向來是自己的此在的存在。」

參考書目

一、佛教典籍

1. 《央掘魔羅經》《大正新脩大藏經》第 2 冊，臺北：新文豐出版公司，1983～1988 年。

2. 《大乘本生心地觀經》《大正新脩大藏經》第 3 冊，臺北：新文豐出版公司，1983～1988 年。

3. 《法華經》《大正新脩大藏經》第 9 冊，臺北：新文豐出版公司，1983～1988 年。

4. 《大般涅槃經卷》《大正新脩大藏經》第 12 冊，臺北：新文豐出版公司，1983～1988 年。

5. 《佛說維摩詰經》《大正新脩大藏經》第 14 冊，臺北：新文豐出版公司，1983～1988 年。

6. 《大方廣圓覺修多羅了義經》《大正新脩大藏經》第 17 冊，臺北：新文豐出版公司，1983～1988 年。

7. 《大法炬陀羅尼經》《大正新脩大藏經》第 21 冊，臺北：新文豐出版公司，1983～1988 年。

8. 《樂邦文類》《大正新脩大藏經》第 47 冊，臺北：新文豐出版公司，1983～1988 年。

9. 《續高僧傳》《大正新修大藏經》第 50 冊，臺北：新文豐出版公司，1983～1988 年。

10. 《大梵天王問佛決疑經》《卍新纂續藏經》第 1 冊，臺北：廣文書局，1979 年。

11. 《中華傳心地禪門師資承襲圖》《卍新纂續藏經》第 63 冊，臺北：廣文

書局，1979 年。

12. 《宗鑑法林》《卍新纂續藏經》第 66 冊，臺北：廣文書局，1979 年。

13. 《諸上善人詠》《卍新纂續藏經》第 78 冊，臺北：廣文書局，1979 年。

14. 南唐‧靜、筠編，《祖堂集》《佛光大藏經‧禪藏》，高雄：佛光出版社，1994 年。

15. 宋‧道原撰，《景德傳燈錄》《佛光大藏經‧禪藏》，高雄：佛光出版社，1994 年。

16. 宋‧李遵勖編，《天聖廣燈錄》《佛光大藏經‧禪藏》，高雄：佛光出版社，1994 年。

17. 宋‧正受編，《嘉泰普燈錄》《佛光大藏經‧禪藏》，高雄：佛光出版社，1994 年。

18. 宋‧悟明集，《聯燈會要》《佛光大藏經‧禪藏》，高雄：佛光出版社，1994 年。

19. 宋‧惠洪撰，《禪林僧寶傳》《佛光大藏經‧禪藏》，高雄：佛光出版社，1994 年。

20. 宋‧慶老撰，《補禪林僧寶傳》《佛光大藏經‧禪藏》，高雄：佛光出版社，1994 年。

21. 宋‧賾藏主集，《古尊宿語錄》《佛光大藏經‧禪藏》，高雄：佛光出版社，1994 年。

22. 宋‧宗法等集成，《宏智正覺禪師廣錄》《佛光大藏經‧禪藏》，高雄：佛光出版社，1994 年。

23. 宋‧佛果圜悟禪師，《碧巖錄》《佛光大藏經‧禪藏》，高雄：佛光出版社，1994 年。

24. 宋‧雪峰蘊聞編，《大慧禪師語錄》《佛光大藏經‧禪藏》，高雄：佛光出版社，1994 年。

25. 宋‧睦庵善卿，《祖庭事苑》《佛光大藏經‧禪藏》，高雄：佛光出版社，1994 年。

26. 宋‧德洪集，《林間錄》《佛光大藏經‧禪藏》，高雄：佛光出版社，1994 年。

27. 《大般涅槃經》，臺北：財團法人佛陀教育基金會出版部，1991 年 5 月。

28. 龍樹菩薩著，鳩摩羅什譯，《大智度論》，臺北：真善美出版社，1967 年。

29. 唐‧齊己，《龍牙和尚偈頌》《禪門諸祖師偈頌》第 1 卷《電子佛典集成》卍續藏（X） HYPERLINK "http://tripitaka.cbeta.org/X66" 第 66 冊 HYPERLINK "http://tripitaka.cbeta.org/X66n1298" No.1298》第 1 卷。

30. 明‧朱棣集註，《金剛經註解》，臺北：文津出版社，1989 年。

31. 梁・菩提達磨說，《菩提達磨大師略辨大乘入道四行觀》《禪宗集成》1，臺北：藝文印書館，1968 年。

32. 梁・菩提達磨，《達磨大師血脈經》《禪宗集成》1，臺北：藝文印書館，1968 年。

33. 梁・菩提達磨，《達摩大師悟性論》《禪宗集成》1，臺北：藝文印書館，1968 年。

34. 梁・菩提達磨，《達摩大師破相論》《禪宗集成》1，臺北：藝文印書館，1968 年。

35. 唐・弘忍述，《最上乘論》《禪宗集成》1，臺北：藝文印書館，1968 年。

36. 宋・延壽述，《心賦註》《禪宗集成》1，臺北：藝文印書館，1968 年。

37. 宋・彥琪注，《證道歌註》《禪宗集成》1，臺北：藝文印書館，1968 年。

38. 元・德煇編，《敕修百丈清規》《禪宗集成》1，臺北：藝文印書館，1968 年。

39. 清・性音重編，《禪宗雜毒海》《禪宗集成》5，臺北：藝文印書館，1968 年。

40. 宋・智昭集，《人天眼目》《禪宗集成》5，臺北：藝文印書館，1968 年。

41. 清・性音重編，《禪宗雜毒海》《禪宗集成》5，臺北：藝文印書館，1968 年。

42. 宋・法應集，元・普會續集，《禪宗頌古聯珠通集》《禪宗集成》7，臺北：藝文印書館，1968 年。

43. 宋・守堅集，《雲門匡眞禪師廣錄》《禪宗集成》11，臺北：藝文印書館，1968 年。

44. 宋・賾藏主集，《古尊宿語錄》《禪宗集成》11、12，臺北：藝文印書館，1968 年。

45. 宋・師明集，《續古尊宿語要》《禪宗集成》12，臺北：藝文印書館，1968 年。

46. 宋・智覺重錄，《首山省念禪師語錄》《禪宗集成》12，臺北：藝文印書館，1968 年。

47. 唐・裴休集，《黃蘗禪師宛陵錄》《禪宗集成》13，臺北：藝文印書館，1968 年。

48. 明・圓信，郭凝之編集，《洞山良价禪師語錄》《禪宗集成》13，臺北：藝文印書館，1968 年。

49. 宋・慧開，《禪宗無門關》《禪宗集成》13，臺北：藝文印書館，1968 年。

50. 宋・惠泉錄，《黃龍慧南禪師語錄》《禪宗集成》14，臺北：藝文印書館，

1968 年。

51. 宋・法寶編：《月林師觀禪師語錄》《禪宗集成》14，臺北：藝文印書館，
1968 年。

52. 宋・楚圓集，《汾陽無德禪師語錄》《禪宗集成》14，臺北：藝文印書館，
1968 年。

53. 宋・法深錄，《雲菴克文禪師語錄》《禪宗集成》14，臺北：藝文印書館，
1968 年。

54. 宋・子和錄，仲介重編，《死心悟新禪師語錄》《禪宗集成》14，台北：
藝文印書館，1968 年。

55. 宋・法寶等編，《月林師觀禪師語錄》《禪宗集成》14，臺北：藝文印書
館，1968 年。

56. 宋・普敬等錄，《無門慧開禪師語錄》《禪宗集成》14，臺北：藝文印書
館，1968 年。

57. 宋・嗣端等編，《虎丘紹隆禪師語錄》《禪宗集成》15，臺北：藝文印書
館，1968 年。

58. 宋・齊己等編，《瞎堂慧遠禪師廣錄》《禪宗集成》15，臺北：藝文印書
館，1968 年。

59. 宋・沈孟柈述，《濟顛道濟禪師語錄》《禪宗集成》15，臺北：藝文印書
館，1968 年。

60. 宋・元愷編，《大川普濟禪師語錄》《禪宗集成》15，臺北：藝文印書
館，1968 年。

61. 宋・道生編，《曹源道生禪師語錄》《禪宗集成》16，臺北：藝文印書
館，1968 年。

62. 宋・智沂等編，《癡絕道沖禪師語錄》《禪宗集成》16，臺北：藝文印書
館，1968 年。

63. 宋・善開等編，《松源崇嶽禪師語錄》《禪宗集成》16，臺北：藝文印書
館，1968 年。

64. 宋・妙嚴等編，《無明慧性禪師語錄》《禪宗集成》16，臺北：藝文印書
館，1968 年。

65. 宋・妙源等編，《虛堂智愚禪師語錄》《禪宗集成》16，臺北：藝文印書
館，1968 年。

66. 宋・宗會等編，《無準師範禪師語錄》《禪宗集成》16，臺北：藝文印書
館，1968 年。

67. 宋・靈隱等編，《高峰原妙禪師語錄》《禪宗集成》16，臺北：藝文印書
館，1968 年。

68. 宋・淨伏等編，《虛舟普度禪師語錄》《禪宗集成》18，臺北：藝文印書館，1968 年。

69. 宋・文素等編，《天童如淨禪師語錄》《禪宗集成》21，臺北：藝文印書館，1968 年。

70. 宋・文智編，《荐福承古禪師語錄》《禪宗集成》23，臺北：藝文印書館，1968 年。

71. 宋・宗密錄，《法昌倚遇禪師語錄》《禪宗集成》23，臺北：藝文印書館，1968 年。

72. 宋・惟白，《建中靖國續燈錄》《中國燈錄全書》2，北京：中國藏學出版社，1993 年。

73. 明・玄極，《續傳燈錄》《中國燈錄全書》5，北京：中國藏學出版社，1993 年。

74. 明・文琇，《增集續傳燈錄》《中國燈錄全書》5，北京：中國藏學出版社，1993 年。

75. 明・朱時恩，《居士分燈錄》《中國燈錄全書》6，北京：中國藏學出版社，1993 年。

76. 清・超永編集，《五燈全書》《中國燈錄全書》12，北京：中國藏學出版社，1993 年。

77. 明・朱時恩，《佛祖綱目》《中國燈錄全書》16，北京：中國藏學出版社，1993 年。

78. 清・紀蔭，《宗統編年》《中國燈錄全書》19，北京：中國藏學出版社，1993 年。

79. 唐・淨覺，《楞伽師資記》《中國禪宗大全》1，高雄：麗文文化公司，1994 年。

80. 唐・希運，《傳心法要》《中國禪宗大全》1，高雄：麗文文化公司，1994 年。

81. 唐・法海撰，丁福保注，《六祖壇經箋註》，臺北：文津出版社，1993 年。

82. 唐・釋神會著，胡適校，《神會和尚遺集》，臺北：胡適紀念館，1968 年。

83. 宋・普濟，《五燈會元》，臺北：文津出版社，1986 年。

84. 宋・洪覺範，《石門文字禪》，上海：上海商務印書館，1965 年。

二、其他古籍

1. 漢・劉向、張敬主編，《列女傳今註今譯》，臺北：商務印書館，1994 年。

2. 漢・司馬遷撰，瀧川龜太郎著，《史記會注考證》，臺北：藝文印書館，1972 年。

3. 北魏・楊衒之，《洛陽伽藍記》，北京：中華書局，1991 年。

4. 晉・葛洪著、成林、程張燦譯注，《西京雜記》，臺北：台灣古籍出版社，1997 年。

5. 唐・李延壽撰，《南史》，北京：中華書局，1995 年。

6. 唐・房玄齡等撰，《晉書》，北京：中華書局，1974 年。

7. 唐・王梵志著，項楚校注，《王梵志詩校注》，上海：上海古籍出版社，1991 年。

8. 唐・杜甫著，楊倫箋注，《杜詩鏡詮》，台北：華正書局，2003 年。

9. 唐・袁郊，《甘澤謠》，北京：中華書局，1985 年。

10. 北宋・何薳撰，《春渚紀聞》，北京：中華書局，1985 年。

11. 宋・釋曉瑩，《羅湖野錄》，北京：中華書局，1985 年。

12. 宋・陳舜俞，《鐔津明教大師行業記》《宋集珍本叢刊》，北京：線裝書局，2004 年。

13. 宋・陳善，《捫虱新話》，北京：中華書局，1985 年。

14. 宋・釋曉瑩，《羅湖野錄》，北京：中華書局，1985 年。

15. 宋・朱熹撰，《四書集注》，臺北：漢京文化事業有限公司，1983 年。

16. 宋・洪覺範，《冷齋夜話》，北京：中華書局，1988 年。

17. 宋・吳處厚，《青箱雜記》，北京：中華書局，1985 年 5 月。

18. 宋・黎靖德編，《朱子語類》，台北：文津出版社，1986 年。

19. 宋・洪邁，《夷堅志》，日本京都：中文出版社，1980 年。

20. 宋・黎靖德編，《朱子語類》，台北：文津出版社，1986 年。

21. 宋・陳世崇，《隨隱漫錄》，台北：藝文印書館，1965 年。

22. 宋・劉斧，《青瑣高議別集》，上海：上海古籍出版社，2001 年。

23. 宋・贊寧，《宋高僧傳》，台北：文津出版社，1988 年。

24. 宋・岳軻，《愧郯錄》，北京：中華書局，1985 年。

25. 北宋・歐陽修，宋祁，范鎮，呂夏卿等合撰，《新唐書》卷三十五〈五行志〉，上海：漢語大辭典， 2004 年。

26. 元・脫脫，《宋史》，臺北：鼎文書局，1983 年。

27. 明・釋袾宏，《蓮池大師全集》，上海：上海古籍出版社，2011 年。

28. 明・瞿汝稷編集，廖進生整編，《指月錄》，台南：和裕出版社，2008 年。

29. 明・釋明河，《補續高僧傳》，上海：上海古籍出版社，1999 年。

30. 清・董誥編，《欽定全唐文》，台北：大通書局，1979 年。

31. 清・清聖祖輯，《全唐詩》，北京：中華書局，2003。

32. 清・孫希旦撰，《禮記集解》，臺北：文史哲出版社，1976 年。

33. 清・趙翼著，王樹民校正，《廿二史札記校正》，北京：中華書局，1984 年。

34. 清・趙翼，《陔餘叢考》，台北：新文豐出版股份有限公司，1975 年。

35. 清・釋自融撰，釋性磊補輯，《南宋元明禪林僧寶傳》，濟南市：齊魯書社，1995 年。

36. 清・郭慶藩輯，《莊子集釋》，臺北：漢京文化事業，1983 年。

37. 逯欽立輯校，《先秦漢魏晉南北朝詩》，臺北：木鐸出版社，1983 年。

38. 北京大學古文獻研究所編，傅璇琮等主編，《全宋詩》，北京：北京大學出版社，2003 年。

39. 北京大學古文獻研究所編，許紅霞等主編，《全宋詩 1～72 冊作者索引》，北京：北京大學出版社，1999 年。

三、近代專著（按作者姓氏筆畫排列）

1. 毛忠賢，《中國曹洞宗通史》，南昌：江西人民出版社，2006 年。

2. 印順，《中國禪宗史》，臺北：正聞出版社，1994 年。

3. 印順，《如來藏之研究》，新竹：正聞出版社，2003 年。

4. 印順，《遊心法海六十年》，新竹：正聞出版社，2006 年。

5. 牟宗三，《中國哲學十九講》，台灣：學生書局，1983 年。

6. 朱謙之撰，《老子校釋》，臺北：華正書局，1986 年。

7. 余虹，《禪宗與全真道美學思想比較研究》，北京：中華書局，2008 年。

8. 杜繼文、魏道儒，《中國禪宗通史》，江蘇：江蘇古籍出版社，1993 年。

9. 祁志祥，《佛教美學》，上海：上海人民出版社，1997 年。

10. 林慶彰，《禪宗美學研究》，台北：花木蘭文化出版社，2009 年。

11. 吳汝鈞編著，《佛教思想大辭典》，台北：臺灣商務印書館，1994 年。

12. 吳言生，《禪宗詩歌境界》，北京：中華書局，2001 年。

13. 吳言生，《禪宗哲學象徵》，北京：中華書局，2001 年。

14. 吳言生，《禪的夢》，西安：三秦出版社，1992 年。

15. 吳言生，《禪詩研究》（一）《中國佛教學術論典》（五十四），佛光山文教基金會，2001 年。

16. 周裕鍇，《禪宗語言》，杭州：浙江人民出版社，1999 年。

17. 周裕鍇，《文字禪與宋代詩學》，高雄：佛光山文教基金會，2002 年。

18. 林尹、高明主編，《漢語大詞典》，臺北：華岡出版有現公司，1979 年。

19. 洪修平，《中國禪學思想史》，臺北：文津出版社，1994 年。

20. 徐光大，《寒山子詩校注‧附拾得詩》，西安：陝西人民出版社，1991年。

21. 唐君毅，《哲學概論》，臺灣：學生書局，1984 年。

22. 紐則誠，趙可式，胡文郁著，《生死學》，臺北：空中大學，2005 年。

23. 陳榮傑，《王陽明傳習錄詳註集評》，臺灣：學生書局，1983 年。

24. 郭紹虞編選，富壽蓀校點，《清詩話續編》，上海：上海古籍出版社，1983年。

25. 黃連忠，《禪宗公案體相用思想之研究》，臺灣：學生書局，2002 年。

26. 辜琮瑜，《生死學中學生死》，臺北：法鼓文化，2010 年。

27. 張運華，《中國傳統佛教儀軌》，臺北：立緒文化事業有限公司，1998年。

28. 張美蘭，《禪宗語言概論》，臺北：五南圖書出版有限公司，1998 年。

29. 張節末，《禪宗美學》，北京：北京大學出版社，2006 年。

30. 楊惠南，《禪史與禪思》，臺北：東大圖書股份有限公司，1995 年。

31. 楊曾文，《宋元禪宗史》，北京：中國社會科學出版社，2006 年。

32. 楊維中、楊明、陳利權、吳洲著，《中國佛教百科全書‧儀軌卷》，臺北：佛光文化事業有信公司，1999 年。

33. 聖嚴法師，《公案 100》，臺北：法鼓文化，2005 年。

34. 葛兆光，《禪宗與中國文化》，上海：上海文藝出版社，1991 年。

35. 葛洪著、成林、程張燦譯注：《西京雜記》，臺北：台灣古籍出版社，1997年。

36. 雷漢卿，《禪籍方俗詞研究》，成都：巴蜀書社，2010 年。

37. 劉方，《中國禪宗美學思想發生與歷史演進》，北京：人民出版社，2010年。

38. 劉方，《中國美學的基本精神及其現代意義》，成都：巴蜀書社，2010年。

39. 蕭麗華，《唐代詩歌與禪學》，臺北：東大圖書公司，1997 年。

40. 蕭麗華，《「文字禪」詩學的發展軌跡》，臺北：新文豐出版社，2012 年。

41. 魏道儒，《宋代禪宗史論》，高雄：佛光文教基金會，2001 年。

42. 釋大願，《舍利與肉身》，魚池鄉：人乘佛刊，2007 年。

四、外文譯著

1. 鈴木大拙,《鈴木大拙全集》第四卷,東京:岩波書屋,1968 年。

2. 鈴木大拙,《通向禪學之路》,上海:上海古籍出版社,1989 年。

3. E.Ross,謝文斌譯,《論死亡與瀕死》,台北:牧牛出版社,1979 年。

4. 保羅・蒂利希著,成窮等譯,《存在的勇氣》,貴陽:貴州人民出版社,1988 年。

5. 貝克爾著,林和生譯,《反抗死亡》,貴陽:貴州人民出版社,1988 年。

6. Elissabeth Kubler Ross 著,孫震青編譯,《成長的最後階段》,台北:光啓出版社,1993 年。

7. 海德格爾著,陳嘉映、王慶節譯,《存在與時間》,台北:久大文化、桂冠圖書,1990 年。

8. 日・忽滑谷快天著,朱謙之譯,《中國禪學思想史》,上海:上海古籍出版社,1994 年。

9. 日・忽滑谷快天著,郭敏俊譯,《禪學思想史》,台北:大千出版社,2003 年。

10. 日・無著道忠,《五家正宗贊助桀》,日本:花園大學禪文化研究所 1994 年。

五、學位論文（按作者姓氏筆畫排列）

1. 丁國智,《宋代絕命詩研究》,淡江大學中國文學系碩士論文,2009 年。

2. 李明勳,《宋代居士生死觀之現代意義——以《淨土聖賢錄》爲主的考察》,南華大學生死學研究所碩士論文,2008 年。

3. 邱淑美,《六祖壇經的生死哲學及養生觀》,東海大學哲學研究所碩士論文,2007 年。

4. 周鶴庭,《佛教的生死觀——從天台智顗的心靈哲學看生死解脫》,南華大學哲學研究所碩士論文,2007 年。

5. 唐盛德,《佛教中的生死觀探究——以宋代禪師臨終偈、藏傳佛教《西藏度亡經》爲重心》,玄奘大學中國文學系碩士論文,2009 年。

6. 陳嫺徽,《佛教教義的生死關照之研究》,高雄師範大學回流中文碩士班論文,2008 年。

7. 黃齡瑩,《雜阿含經的生死觀》,南華大學生死學研究所碩士論文,2002 年。

8. 黃瑞凱,《初期佛教生死觀之哲理試探——以緣起理論爲核心之探索》,南華大學生死學研究所碩士論文,2004 年。

9. 黃翠侶,《大乘起信論生死觀之研究》,南華大學哲學研究所碩士論文,

2010 年。

10. 黃瑩，《生的極限與超越——先秦至宋代臨終詩研究》，南京師範大學古代文學博士學位論文，2011 年。

11. 曾長安，《佛教生死觀研究——以《涅槃經》爲中心之探討》，南華大學哲學研究所碩士論文，2006 年。

12. 釋天福，《老年佛教徒的生死觀之研究——以彌陀淨土信仰爲例》，南華大學生死學研究所碩士論文，2005 年。

六、期刊論文（按作者姓氏筆畫排列）

1. 李盼，〈試論漢末魏晉南北朝臨終詩文的藝術特色〉，《唐山學院學報》26 卷第 1 期，2013 年。

2. 吳正榮，〈宗杲「大生死觀」的意蘊辨述〉，《雲南農業大學學報》第 3 期，2010 年 6 月。

3. 日本·柳田聖山，〈《祖堂集》本文研究（一）〉，《禪學研究》第 54 號，1964 年。

4. 黃啓江，〈雲門宗與北宋叢林之發展〉，《大陸雜誌》，第八十九卷第六期。

5. 楊東甫，〈宋代僧詩中的臨終偈頌〉，《閱讀與寫作》第 3 期，2010 年。

6. 蔡榮婷，〈《祖堂集》死亡書寫研究一以佛陀與西土祖師爲核心〉，《東華漢學》第 14 期，2011 年 12 月。

7. 蔡榮婷，〈《祖堂集》死亡書寫研究 以東土祖師爲核心〉，《玄奘佛學研究》第 18 期，2012 年 9 月。

8. 蔡纓勳，〈僧肇般若思想（以不眞空論爲主）之研究〉，《國立臺灣師範大學國文研究所集刊》第 30 期，1986 年。

9. 劉劍鋒，〈禪宗如何看待生死問題——生死之間悠然自得〉，《中國宗教》第 7 期，2005 年。

10. 龍晦，〈說偈子〉，《普門學報》第 25 期，2005 年 1 月。

11. 羅宗濤，〈全宋詩禪僧詩偈頌贊之考察〉，《玄奘人文學報》，第 4 期，2003 年 2 月。

附　錄

附錄一　《全宋詩》禪宗臨終偈作者列表

卷數	頁數	姓名	年代	卒年	宗派	詩名	內　　容
一	46	釋玄應	910～975	66	青下八	偈	今年六十六，世壽有延促。 無生火熾然，有為薪不續。 出谷與歸源，一時俱備足。
一	147	釋清豁	？～976		青下七	過三嶺苧溪	世人休說行路難，鳥道羊腸哂尺間。 珍重苧溪溪畔水，汝歸滄海我歸山。
一	169	釋遇安	924～995	72	法眼宗	將卒示嗣子蘊仁	不是嶺頭攜得事，豈從雞足付將來。 自古聖賢皆如此，非吾今日為君裁。
一	209	釋省念	926～993	68	臨濟宗	偈	白銀世界金色身，情與非情共一眞。 明暗盡時俱不照，日輪午後示全身
一	276	釋雲豁		77	雲門宗	辭眾偈	天不高，地不厚，自是時人覷不透。 但看臘月二十五，依舊面南看北斗。
一	505	釋警玄	943～1027	85	曹洞宗	寄侍郎王曙偈	吾年八十五，修因至於此。 問我歸何處，頂相終難覩。
一	591	釋曉聰	？～1030		雲門宗	法身頌	參禪學道莫茫茫，問透法身北斗藏。 余今老倒尫羸甚，見人無力得商量。 唯有钁頭知我意，栽松時復上金剛。
二	1310	王隨	973～1039	67	臨濟宗	臨終作	畫堂燈已滅，彈指向誰說。 去住本尋常，春風掃殘雪。

三	1420	楊億	974～1021	47	臨濟宗	詩一首	漚生復漚滅，二法本來齊。 要識眞歸處，趙州東院西。
三	1496	釋谷泉		92	臨濟宗	偈	今朝六月六，谷泉被氣壓。 不是上天堂，便是入地獄。
三	1990	釋省回	992～1083	92	臨濟宗	辭眾偈	九十二光陰，分明對眾說。 遠洞散寒雲，幽窗度殘月。
三	1993	釋義懷	993～1064	72	雲門宗	偈	紅日照扶桑，寒雪封華嶽。 三更過鐵圍，拶折驪龍角。
五	3351	釋慧南	1003～1069	67	黃龍派	頌	得不得，傳不傳，歸根得旨 復何言。憶得首山曾漏泄， 新婦騎驢阿家牽。
五	3356	釋倚遇	1003～1079	77	雲門宗	遺徐禧	今年七十七，出行須擇日。 昨夜問龜哥，報道明朝吉。
九	6304	釋法泉			雲門宗	偈七首之七	非佛非心徒擬議，得皮得髓謾商量。 臨行珍重諸禪侶，門外青山正夕陽。
十	6814	釋自在				化前題壁	邑尉非常勢氣豪，因談眞教反稱褒。 吾家微密皆彰露，又往西天去一遭。
十一	7351	張宗旦	?～1084			絕命偈	法本心生，心因法昧。 有覺于此，是名自在。 自在眞空，頓然明徹。 去住尋常，曉然春雪。
十一	7364	源禪師	?～1085		臨濟宗	臨終偈	雪鬢霜髭九九年，半肩毳衲盡諸源。 廓然笑指浮雲散，玉兔流光照大千。
十一	7368	釋克文	1025～1102	78	黃龍派	遺偈	今年七十八，四大相離別。 火風既分散，臨行休更說。
十一	7731	釋慶閑	1029～1081	53	黃龍派	遺偈	露質浮世，奄質浮滅。 五十三歲，六七八月。 南嶽天台，松風澗雪。 珍重知音，紅爐優鉢。
十二	7887	楊傑		70	雲門宗	辭世偈	無一可戀，無一可捨。 太虛空中，之乎者也。 將錯就錯，西方極樂。
十二	8337	釋淨端	1032～1103	72	臨濟宗	偈六首之六	端師子，太慵懶，未死牙齒先壞爛。二時伴眾赴堂，粥飯都趕不辦。如今得死是便宜，長眠百事皆不管。第一不著看官，第二不著吃粥飯。
十三	9026	釋眞如	?～1095		臨濟宗	示寂偈	昨夜三更，風雷忽作。 雲散長空，前溪月落。

十三	9055	釋智孜			偈	五十春秋，如電如露。 月映寒江，分明歸去。
十三	9075	釋慧元	1037 ～ 1091	55	黃龍派	示寂偈	五十五年夢幻身，東西南北孰為親。 白雲散盡千山外，萬里秋空片月新。
十四	9717	釋知慎				和東坡	東軒長老未相逢，已見黃州一信通。 何必揚眉資目擊，須知千里事同風。
十五	10183	慧日 庵主			黃龍派	偈	丘師伯莫曉，寂寂明皎皎。 午日打三更，誰人打得了。
十六	10686	儼和尚	? ～ 1102			遺偈	四大之身，水月空雲。 一輪湛湛，廓落乾坤。
十六	10983	釋道楷	1043 ～ 1118	76	曹洞宗	偈	吾年七十六，世緣今已足。 生不愛天堂，死不怕地獄。 撒手橫身三界外，騰騰任運何拘束。
十六	10986	釋法明			雲門宗	辭眾偈	平生醉裡顛蹶，醉裡卻有分別。 今宵酒醒何處，楊柳岸曉風殘月。
十六	10988	釋祖鏡			雲門宗	偈	蘭芳春谷菊秋籬，物必榮枯各有時。 昔毀僧尼專奉道，後平道佞復僧尼。 吾頂從來似月圓，雖冠其髮不成仙。 今朝拋下無遮障，放出神光透碧天。 如來昔日貿皮衣，數載慚將鶴氅披。 還我丈夫調御服，須知此物不相宜。 為嫌禪板太無端，豈料遭他象簡瞞。 今日因何忽放下，普天致仕老仙官。 達磨攜將一隻歸，兒孫從此赤腳走。 借他赤履代麻鞋，休道時難事掣肘。 化鵬未遇不如鷗，化虎不成反類狗。 今朝拄杖化為龍，分破華山千萬重。 珍重佛心真聖主，好將堯德振吾宗。
十六	10988	釋悟新	1043 ～ 1114	72	黃龍派	臨終示偈	說時七顛八倒，默時落二落三。 為報五湖禪客，心王自在休參。
十六	11004	張商英	1043 ～ 1121	79	黃龍派	臨終偈	幻質朝章八十一，漚生漚滅誰人識。 撞破虛空歸去來，鐵牛入海無消息。
十七	11316	釋從悅	1044 ～ 1091	48	黃龍派	辭眾偈	四十有八，聖凡盡殺。 不是英雄，龍安路滑。
十八	12053	釋普交	1048 ～ 1124	77	黃龍派	辭眾偈	寶杖敲空觸處春，光陰掣電舊曾聞。 昨宵風動寒巖冷，驚起泥牛耕白雲。

十八	12221	釋系南	1050～1094	45	黃龍派	臨終偈	羅漢今日，倒騎鐵馬，逆上須彌。踏破虛空，不留朕跡。
十八	12265	米芾	1051～1107	57		臨化偈	眾香國中來，眾香國中去。人欲識去來，去來事如許。天下老和尚，錯入輪迴路。
二十	13454	釋梵卿	？～1116		黃龍派	臨終偈	五陰山頭乘駿馬，一鞭策起疾如飛。臨行莫問棲眞處，南北東西隨處歸。
二十	13457	釋廣燈	？～1137		雲門宗	臨終偈	南北無寸影，東西絕四鄰。一息故鄉信，曉風吹宿雲。
二十	13459	釋道初			楊岐派	辭眾偈	昨日離城市，白雲空往還。松風清人耳，端的勝人間。
二十	13462	尼法海			雲門宗	臨寂偈	霜天雲霧結，山月冷涵輝。夜接故鄉信，曉行人不知。
二十	13463	齊禪師			曹洞宗	臨寂偈	昨夜三更過急灘，灘頭雲霧黑漫漫。一條拄杖爲知己，擊碎千關與萬關。
二十	13545	釋顯嵩	1058～1137	80		臨終頌	八十年中常浩浩，宏開肆貨摩尼寶。也無一個共商量，不是山僧收舖早。
二十二	14538	釋守卓	1065～1124	59	黃龍派	臨終前一日和雲門曲	衲僧要唱雲門曲，六六從來三十六。曹源有個癡禪人，解道一生數不足。數不足，不屬金石與絲竹。等閒一拍五音全，直道如弦已曲錄。從教歲去年來，依舊山青水綠。
二十二	14733	釋智才	1067～1138	72	楊岐派	集眾付寺事偈	戊午中秋之日，出家住持事畢。臨行自己尙無，有甚虛空可覓。
二十二	14788	釋咸靜		71	黃龍派	臨終偈	弄罷影戲，七十一載。更問如何，回來別賽。
二十二	14802	釋宗印			黃龍派	辭眾頌	四十九年，一場熱鬧。八十七春，老漢獨弄。誰多誰少，一般作夢。歸去來兮，梅梢雪重。
二十二	14985	釋慧昌		81		偈	擔板老翁，性本虛空。永劫不死，明月清風。
二十三	15429	妙普庵主	1071～1142	72	黃龍派	偈三首	劫數既遭離亂，我是快活烈漢。如今正好乘時，便請一刀兩段。坐脫立亡，不若水葬。一省柴燒，二省開壙。撒手便行，不妨快暢。誰是知音，船子和尚。高風難繼百千年，

						一曲漁歌少人唱。 船子當年返故鄉，沒蹤跡處妙難量。 眞風徧寄知音者，鐵笛橫吹作散場。
二十四	15727	釋淨如	1073 ～ 1141	69		頌	四大幻形，徒勞口別。緣會而生，緣散而滅。一片虛空，本無口缺。 六十九年一夢身，臨行何用切二說。
二十四	15817	釋淨元	？～ 1135			投海偈二首 辭眾偈	我捨世間如夢，眾人須我作頌， 頌即語言邊事，了取自家眞夢。 世間人心易了，只爲人多不曉。 了即皎在目前，未了千般學道。 會得祖師眞妙訣，無得無物亦無說。 喝散烏雲千萬重，一點零心明皎潔。
二十四	15820	釋清素	？～ 1135		楊岐派	臨終偈	木人備舟，鐵人備馬。 丙丁童子穩穩登，喝散白雲歸去也。
二十四	15823	釋慧素	1075 ～ 1153	79	臨濟宗	臨終偈	昨夜風雷忽爾，露柱生出兩指。 天明笑倒燈籠，拄杖依前扶起。 拂子踍跳過流沙，奪轉胡僧一隻履。
二十四	15828	釋了證	？～ 1135			辭眾頌	來時本無，去亦非有。 珍重諸人，月明清晝。
二十四	16023	世奇 首座			楊岐派	臨終偈	諸法空故我心空，我心空故諸法同。 諸法我心無別體，只在而今一念中。
二十五	16566	釋道震	1079 ～ 1161	83	黃龍派	臨終偈	吾年八十三，隨順世間談。 不落思量句，誰人共我參。
二十五	16663	釋道瓊	？～ 1140		臨濟宗	寄弟子慧山偈	口觜不中祥老子，愛向叢林鼓是非。 分付雪峰山首座，爲吾痛罵莫饒伊。
二十七	17859	釋士珪	1083 ～ 1146	64	楊岐派	臨終偈	前三十一，中九下七。 老人言盡處，龜哥眼睛赤。
二十八	18281	釋法忠	1084 ～ 1149	66	楊岐派	示寂頌	六十六年，遊夢幻中。 浩歌歸去，撒手長空。
二十八	18285	釋法一	1084 ～ 1158	75	黃龍派	偈三首之三	今年七十五，歸作庵中主。 珍重觀世音，泥蛇吞石虎。
二十九	18453	釋祖珍			黃龍派	臨終偈	生本無生，死本無死。 生死二途，了無彼此。

二十九	18813	釋宗本	？～1146		臨終偈	百骸潰散尋常事，一物長靈識者稀。 爭似大梅知底意，無聲三昧證緣知。 兩年脾疾苦相攻，瘦骨崚嶒鶴足同。 賴有真常無病者，湛然常在寂光中。
二十九	18815	晏和尚			臨終偈	友生有死尋常事，無去無來誰不然。 我今去也何時節，風在松梢月在天。
三十	19223	釋道行	1089～1151	63	楊岐派	臨終偈	識則識自心，見則見自性。 識得本心本性，正是宗門大病。
三十	19344	李彌遜	1089～1153	65	楊岐派	偈	謾說從來牧護，今日分明呈露。 虛空拶倒須彌，說甚向上一路。
三十	19413	釋宗杲	1089～1163	75	楊岐派	臨終頌	生也只恁麼，死也只恁麼。 有偈與無偈，是甚麼熱大。
三十	19425	釋宗回	？～1149		黃龍派	偈	縣吏追呼不暫停，爭如長往事分明。 從前有箇無生曲，且喜今朝調已成。
三十一	19589	釋景深	1090～1152	63	曹洞宗	辭眾偈	不用剃頭，何須澡浴。 一堆紅焰，千足萬足。
三十一	19672	釋淨曇	1091～1146	56	黃龍派	辭眾偈	這漢從來沒縫罅，五十六年成話霸。 今朝死去見閻王，劍樹刀山得人怕。
三十一 誤植20044		釋正覺	1091～1157	67	曹洞宗	偈	夢幻空花，六十七年。 白鳥煙沒，秋水天連。
三十一	20038	釋鼎需	1092～1153	62	楊岐派	偈四首之四	十四十五，明明已露。 更問如何，西天此土。
三十一	20091	邛州僧			臨刑口占	宿業因緣人不知，如今啐啄與同時。 今生歡喜償他了，來世分明不欠伊。 夢幻色身從敗壞，閑田虛樹已生枝。 休休休也歸家去，石女懷胎產一兒。
三十二	20279	馮楫	？～1153		楊岐派	臨終頌	初三十一，中九下七。 老人言盡，龜哥眼赤。
三十三	20802	釋淵	？～1153		楊岐派	臨終偈	動靜聲色外，時人不肯對。 世間出世間，畢竟使誰會。
三十三	20919	釋智朋			曹洞宗	辭再主清涼偈	相煩專使入煙霞，灰冷無湯不點茶。 寄語甬東賢太守，難教枯木再生花。

三十四	21752	釋慧遠	1103～1176	74	楊岐派	臨終偈	扐折秤錘，掀翻露布。 突出機先，鴉飛不度。
三十五	22336	釋師體	1108～1179	72	楊岐派	辭眾偈	鐵樹開花，雄雞生卵。 七十二年，搖籃繩斷。
三十七	22995	釋子深	?～1173			臨終偈	衲僧日日是好日，要行便行無固必。 虛空天子夜行船，摩訶般若波羅蜜。
三十七	23105	釋印肅	1115～1169	55	楊岐派	偈頌三十首之二	乍雨乍晴寶象明，東西南北亂雲深。 失珠無限人遭劫，幻應權機爲汝清。
三十七	23400	釋智策	1117～1192	76	楊岐派	辭眾偈	四大既分飛，烟雲任意歸。 秋天霜夜月，萬里轉光輝。
三十八	23784	葛郯	?～1181		楊岐派	臨終偈	大洋海裡打鼓，須彌山上聞鐘。 業鏡忽然撲破，翻身透出虛空。
四十三	27131	釋寶曇	1129～1197	69		辭世頌	平生灑灑落落，末後哆哆唎唎。 殷勤覓一把火，莫教辜負澄波。
四十五	27839	釋崇嶽	1132～1202	71	楊岐派	臨終偈	來無所來，去無所去。 瞥轉玄關，佛祖罔措。
四十七	29015	釋元聰	1136～1209	74		臨終辭眾偈	來未嘗來，去未嘗去。 七十四年，月印寒渚。
四十七	29027	釋祖先	1136～1211	76	楊岐派	臨終偈	末後一句，已成忉怛。 寫出人前，千錯萬錯。
四十八	30023	釋法祚		77		辭眾偈	七十七年，幻緣忽破。 秋水無痕，霜天月墮。
四十八	30114	釋法慈				臨終頌	無始劫來不曾生，今日當場又隨滅。 又隨滅，萬里炎天覓點雪。
四十八	30337	釋德輝	1142～1204	63		辭世偈	一生無利亦無名，圓頂方袍自在行。 道念只從心上起，禪機俱向舌根生。 百千萬劫假非假，六十三年眞不眞。 今向無名叢內去，不遺一物在南屏。
四十八	30377	釋師觀	1143～1217	75	楊岐派	臨終偈	來時無蹤，去時無跡。 七十五年，青天霹靂。

五十	31105	釋道濟	1148〜1209	62	楊岐派	辭世頌	六十年來狼藉，東壁打到西壁。 如今收拾歸來，依舊水連天碧。
五十	31348	王枃	1151〜1213	63		臨終詩	平生不學口頭禪，腳踏實地性虛天。 臨歸不用求纏裹，趁著帆風便上船。
五十二	32380	釋如淨		66	曹洞宗	辭世頌	六十六年，罪犯彌天。打個蹲跳，活陷黃泉。咦，從來生死不相干。
五十三	32914	釋慧性	1162〜1237	76	楊岐派	辭世	七十八年，內空外空。 撒手便行，萬古清風。
五十四	33788	釋道沖	1169〜1250	82	楊岐派	臨終偈	末後一句，無可商量。 只要箇人，直下承當。
五十五	34806	釋師範	1177〜1249	73	楊岐派	臨終偈	來時空索索，去也赤條條。 更要問端的，天台有石橋。
五十六	35025	釋普濟				臨終偈	記得黃梅與我時，忽然天氣報君知。 逆行順化無交涉，撒手毗盧頂上歸。
五十六	35026	釋文雅				臨終偈	薩埵裝嚴已現成，老僧洽合去遊循。 有人問著西來意，天上無僧地絕塵。
五十六	35154	釋淨眞	？〜1239			呈安撫使趙端明	海沸江河水接連，居民衝盪益憂煎。 投身直入龍宮去，要止驚濤浪拍天。
五十六	35160	釋普濟	1179〜1253	75	楊岐派	臨終偈	地水火風先佛記，冷灰堆裏無舍利。 掃向長江白浪中，千古萬古第一義。
五十七	35675	釋慧開	1183〜1260	78	楊岐派	辭世偈	虛空不生，虛空不滅。 證得虛空，虛空不別。
五十七	35694	王老者		86		豆腐詩	朝朝只與磨爲親，推轉無邊大法輪。 碾出一團眞白玉，將歸回向未來人。
五十七	35970	釋智愚	1185〜1269	85	楊岐派	辭世頌	八十五年，佛祖不識。 掉臂便行，太虛絕跡。
五十七	35978	釋法照	1185〜1273	89		辭世偈	佛壽八十，我多九年。 虛空撥轉，大用現前。
五十九	36795	釋妙印	1187〜1255	69		辭世偈	六十九年，一場大夢。 歸去來兮，珍重珍重。

六十一	38520	釋普度	1199～1280	82	楊岐派	辭世頌	八十二年，駕無底船， 踏翻歸去，明月一天。
六十二	39025	淨慈東叟				辭世頌	南山末後句，未舉先分付。 生也何曾生，死也何曾死。
六十二	39246	趙希彭	1205～1266	62		絕命偈	六十二年皮袋，放下了無罣礙。 青天明月一輪，萬古逍遙自在。
六十三	39355	釋文頵	?～1267			臨終書偈	空山頑質世偏須，禪客元慚綺色枯。 幾吐烟光共染翰，石田隻字可留無。
六十三	39706	釋行元	?～1271			臨終偈	來亦無所從，去亦無所至。 來去既一如，春風滿天地。
六十四	40420	清溪沅禪師	1215～1281	67		辭世偈	六十七年，無法可說。 一片雲收，澄潭皎月。
六十八	42869	李智遠	1234～1276	43		今朝	四十三年處世中，夢中成夢又成空。 今朝撒手還歸去，木馬頻嘶物外風。
六十八	43174	釋原妙	1238～1295	58	楊岐派	辭世	來不入死關，去不出死關。 鐵蛇鑽入海，撞倒須彌山。
七十二	45103	僧義翔				偈	時人號我作郭郎，蓋緣為事沒著量。 魁儡弄罷收歸籠，自有傍人說短長。
七十二	45237	如禪師			五燈卷六列為未詳法嗣	答嵩禪師	道契平生更有誰，閑卿於我最心知。 當初未欲成相別，恐誤同參一首詩。

附錄二　《全宋詩》儒家臨終詩作者列表

卷數	頁數	姓名	年代	卒年	詩　名	內　容
二	1045	謝濤〔註1〕	961~1034	74	夢中作	百年奇特幾張紙，千古英雄一窖塵。唯有炳然周孔教，至今仁義浸生民。
二	1242	林逋〔註2〕	968~1028	61	自作壽堂因書一絕以誌之	湖上青山對結廬，墳頭秋色亦蕭疏。茂陵他日求遺稿，猶喜曾無封禪書。
三	1706	蔣堂	980~1054	75	絕句〔註3〕	歸來深隱太湖濱，天與扶持百歲身。雖是浮雲隔雙闕，丹心愛戴在君親。
四	2514~2515	宋祁	998~1061	64	奉和禦制後苑賞花詩有狀〔註4〕	詔蹕迥清籞，宸旆駐紫煙。矞雲靠漢幄，法曲度文絃。獵翠雄風度，凝香中帳褰。仙葩浮羽葆，藻衛縟芝塵。式宴千鍾酒，迷魂七日天。宸章訐寶思，休詠掩船樓。
六	3765	歐陽修	1007~1072	66	絕句〔註5〕	冷雨漲焦陂，人去陂寂寞。惟有霜前花，鮮鮮對高閣。
七	4397	陳大維		88	絕筆	胡柳陂中過，令人念戰功。兵交千騎沒，血染一川紅。朱氏皆豚犬，唐家盡虎龍。壯圖成慷慨，擲劍向西風。
七	4710	胡枚〔註6〕			句	西梁萬里何時到，爭似懷沙入九泉。
十四	9293	蘇軾	1037~1101	66	予以事系禦史台獄，獄吏稍見侵，自度不能堪死獄中，不得一別子由，故作二詩授獄卒梁成，以遺子由	聖主如天萬物春，小臣愚暗自亡身。百年未滿先償債，十口無歸更累人。是處青山可埋骨，他年夜雨獨傷神。與君世世為兄弟，又結來生未了因。柏台霜氣夜淒淒，風動琅璫月向低；夢繞雲山心似鹿，魂驚湯火命如雞。眼中犀角真吾子，身後牛衣愧老妻。百歲神遊定何處，桐鄉知葬浙江西。

〔註1〕《澠水燕談錄》卷二：謝濤晚節乞知西台，尋分務洛中，接賓客，屏去外屏去外事，日覽舊史一編以待賓話。將終前一日夢見詩一章云云。

〔註2〕黃瑩，《生的極限與超越——先秦至宋代臨終詩研究》，頁60考據為臨終詩。

〔註3〕吳志作〈絕筆詩〉

〔註4〕黃瑩，《生的極限與超越——先秦至宋代臨終詩研究》，頁60考據為臨終詩。

〔註5〕《全宋詩》題下注：臨薨作。

〔註6〕《東軒筆錄》：先是，由判曹得監司者甚眾，枚素有此望，及得郡，殊自失，歷干執政，皆不允。時陳升之知樞密院，枚往謁求薦。陳公辭以備位執政，不當私薦一士。枚將還浙右待闕，已登舟，其日作詩書於船窗云云，是夕，溺死汴水。

十八	12125	秦觀	1049～1100	52	自作挽歌	嬰釁徒窮荒，茹哀與世辭。官來錄我橐，吏來驗我屍。藤束木皮棺，藁葬路旁陂。家鄉在萬里，妻子天一涯。孤魂不敢歸，惴惴猶在茲。昔忝柱下史，通籍黃金閨。奇禍一朝作，飄零至於斯。弱孤未堪事，返骨定何時。脩途繚山海，豈免從闍維。荼毒復荼毒，彼蒼那得知。歲晚瘴江急，鳥獸鳴聲悲。空濛寒雨零，慘淡陰風吹。殯宮生蒼蘚，紙錢掛空枝。無人設薄奠，誰與飯黃緇。亦無挽歌者，空有挽歌辭。
二十二	14928	滕茂實	?～1128		臨終詩	齏鹽老書生，謬列王都官。索米了無補，從事敢辭難。殊鄰復盟好，仗節來榆關。城守久不下，川塗望漫漫，儉輩果不惜，一往何當還。牧羊困蘇武，假道拘張騫。流離念窘束，坐閱四序遷。同來悉言歸，我獨留塞垣。形影自相吊，國破家亦殘。呼天竟不聞，痛甚傷肺肝：相逢老兄弟，悼歡安得驩。金人自南歸，得志鞍馬間。波瀾卷大廈，一木難求安。世事寧有此，聊發我所存。爵祿非所慕，金珠敢懷貪。就不違我心，渠不汙我顏。昔燕破齊王，群臣望風奔。王蠋猶守節，燕人有甘言。經首自絕脰，感槩今昔聞。未嘗食齊祿，徒以世為民。況我祿數世，一死何足論。遠或死江海，近或死朝昏。斂我不須衣，裹尸以黃幡。題作宋臣墓，篆字當深刊。我室尚少艾，兒女皆童頑。四海無置錐，飄流倍悲酸。誰當給衣食，使不厄饑寒。歲時一酹我，猶足慰我魂。我魂亦悠悠，異鄉寄沉冤。他時風雨夜，草木號空山。
二十五	16651	王履〔註7〕	1080～1127	48	句	矯首向天兮天卒無言， 忠臣死難兮死亦何怨。
二十七	17448	黃燁〔註8〕	?～1127		題驛壁	帝駕陷塵沙，孤臣誓靡他。 丹心期報主，白髮不知家。
二十九	18804	楊邦乂〔註9〕	1086～1129	44	句	寧作趙氏鬼，不為它邦臣。

〔註7〕　《三朝北盟會編》：公在郊台被害時，神色不動，仰天長嘆，念歌一首。只記臨後兩句云云。

〔註8〕　《閩詩錄》引《蘭陵詩話》：子華，靖康二年隨駕北狩，題詩驛壁，遂自經卒。

〔註9〕　《景定建康志》：虜陷建康，杜充既率麾下北去，總領李梲及守臣陳邦先並降，獨通判楊不從，刺血書衣裙云云。

三十	19217	何㮚〔註10〕	1089〜1127	39	在敵營作	念念通前劫，依依返舊魂。 人生會有死，遺恨滿乾坤。
三十一	20121	李若水	1093〜1127	35	書懷〔註11〕	戎馬南來久不歸，山河殘破一身微。 功名誤我等雲過，歲月驚人還雪飛。 每事恐貽千古恨，此身甘與眾人違。 艱難重繫君親念，血淚班班滿客衣。
三十三	20780	何宏中	1097〜1159	63	述懷〔註12〕	馬革盛屍每恨遲，西山餓踣亦何辭， 姓名不到中興曆，付與皇天后土知。
四十一	25722	陸游〔註13〕	1125〜1209	85	示兒	死去元知萬事空，但悲不見九州同。 王師北定中原日，家祭無忘告乃翁。
四十一	26054	范成大〔註14〕	1126〜1193	68	夢覺作	年增血氣減，藥密飲食稀。氣象不堪說， 頭顱從可知。忽作少年夢，嬌癡逐兒嬉。 覺來一悯然，形骸乃衰衰。夢中關河見， 只是三歲時。方悟夢良是，卻疑覺爲非。
五十	31275	來延紹	1150〜1202	53	正命詩〔註15〕	病臥僧房兩月多，英雄壯志漸消磨。 昨宵飲藥疑嘗膽，今日披衣似挽戈。 分付家人扶旅櫬，莫教釋子念彌陀。 此心不死誰如我，臨了連聲三渡河。
五十二	32469 32775	韓淲〔註16〕	1159〜1224	66	懷古	近城人語雜，深山人語少。 重露滴烟嵐，野水見魚鳥。 稻梁豐稔外，耕鑿願溫飽。 所以桃源人，不與外人道。 少壯既奚爲，老矣復難強。紫芝未必仙， 采之亦可餇。耆耄八九十，道可無俯仰， 所以商山人，辭漢寧獨往。

〔註10〕《全宋詩》三十，頁19217：靖康二年隨徽、欽二宗北去，至金營後不食死。

〔註11〕《能改齋漫錄》卷十一：「清卿既死，因葬，得此詩於衣襟。」

〔註12〕清・厲鶚輯，《宋詩紀事》四，台灣：中華書局，頁936作〈臨終作〉。

〔註13〕錢仲聯校注，《劍南詩稿校注》：此詩嘉定二年冬十二月作於山陰，蓋爲游絕筆之詩。《宋詩紀事》五（1242）曰：「公臨終以詩示其家……于易簀之時矣。」

〔註14〕黃瑩，《生的極限與超越——先秦至宋代臨終詩研究》，頁68注6：以《范成大年譜》此詩繫於紹熙四年（1193），范成大卒於是年，范成大根據自己的身體狀況，自知因病重將不久於人世，心態爲臨終心態，故將此詩看作其臨終詩。

〔註15〕來氏家譜作祇園臨終詩。

〔註16〕戴石屏〈哭澗泉詩〉有云「慷慨商時事，淒涼絕筆篇，三篇遺稿在，並當史書傳。」自注聞時事驚心得疾而死，作所以桃源人，所以商山人，所以鹿門人三詩蓋絕筆也。

六十	37896	吳潛	1195〜1262	68	謝世詩兩首	股肱十載竭丹心，諫草雖多禍亦深。 補袞每思期仲甫，殺人未必是曾參。 氈裘浩蕩紅塵滿，風雨淒涼紫殿陰。 遙望諸陵荒草隔，不堪老淚灑衣襟。 邊馬南來動北風，屢陳長策矢孤忠。 群豺橫暴嘉謀遏，儀鳳高飛事業空。 仇恨暗消榕樹綠，寸心漫擬荔枝紅。 欲知千載英雄氣，盡在風雷一夜中。
六十四	39931	陳仲微	1212〜1283	72	句〔註17〕	死爲異國他鄉鬼，生是江南直諫臣。
六十四	40429	趙卯發〔註18〕	?〜1275		裂衣書詩寄弟題於壁	城池不高深，無財又無兵。 惟有死報國，來生作弟兄。 國不可負，城難以降。夫婦俱死，節義成雙。
六十五	40655	鄧得遇〔註19〕	?〜1276		絕命詩	宋室忠臣，鄧氏孝子。不忍偷生，寧甘溺死。彭咸故君，乃吾潭府。屈公子平，乃吾伴侶。優哉優哉，吾得其所。
六十五	40655	曾如驥〔註20〕	?〜1276		題考功印紙詩	謹將節義二字，結果印紙一宗。 了卻神遊何處，澄江明月清風。
六十五	40862	徐琦			瀕死自悼	每說天兵出守疆，忽聞勁敵犯睢陽。 火焚郡邑人民苦，血染江淮鬼物傷。 忠報君恩名不朽，孝隨親死義難忘。 皇天后土宜知鑒，白日英魂騰劍光。
六十六	41414	謝枋得	1226〜1289	64	崇眞院絕粒偶書付兒熙之定之並呈張蒼峰劉洞齋華甫	西漢有臣龔勝卒，閉口不食十四日。 我今半月忍渴饑，求死不死更無術。 精神常與天往來，不知飲食爲何物。 若非功行積未成，便是業債償未畢。 太清群仙宴會多，鳳簫龍笛鳴瑤瑟。 豈無道兄相提攜，騎龍直上寥天一。

〔註17〕《全宋詩》六十四冊，頁39931：注：臨歿。
〔註18〕《全宋詩》六十四冊，頁40429：恭帝德祐元年元軍破城，夫妻同縊死。
〔註19〕《全宋詩》六十五冊，頁40655：恭帝德祐二年，元軍破靜江，投南流死。
〔註20〕光緒《吉安府志》卷三十四《曾如驥傳》：「德祐年二月，元人克潭州，……湖南諸郡皆降，且聞臨安迎附，人情洶洶，驥呼弟如駿曰：「吾起書生，官省郎，從二千石後，今攝郡事，誓與此俱矣，然不可絕先人祀，汝亟歸。」弟泣別去。遂取考功印題其上曰（略）。八月，元兵自長沙來，大書「舍生取義」章，粘置齋壁。兵將入城，登子城，赴資江自沈死。殯於太平示。北將義之，退兵三十里，俟葬畢乃入城。」

六十七	42031	謝緒	？～1276		絕筆〔註21〕	立志平夷尚未酬。莫言心事赴東流。淪胥天下誰能救。一死千年恨不休。湖水不沈忠義氣。淮淝自愧破秦謀。苕溪北去通胡塞。留此丹心滅虜酋。
					又一首〔註22〕	莫笑狂夫老更狂，推輪怒臂勇螳螂。 三軍未復圖中土，萬姓空悲塞北鄉。 動地聲名懸宇宙，擎天氣概蕩邊疆。 忠心自古人人有，莫笑狂夫老更狂。
六十七	42032	徐應鑣〔註23〕	？～1276		絕命詞	二男并一女，隨我上梯雲。 烈士甘焚死，丹心照紫雯。
六十七	42032	方氏	？～1274		殉節詩五首	昊天懵懵，四海洶洶。趙氏終衰，妖孽景從。 我生不辰，咨嗟風雨。一木難支，勸君解組。 妾身邀隱，君志盡忠。願學仲連，甘蹈海東。 舉世鬚眉，何殊巾幗。偏我婦人，尚知報國。 有女貞潔，有男才良。素解大義，不負綱常。
六十七	42053	王世敏			絕命辭	此生無復望生還，一死都歸談笑間。 大地皆為肝血污，好收吾骨首陽山。
六十七	42322	趙必瞻〔註24〕	1230～1276	47	句	生平許國慚無補，化作東風掃虜塵。
六十七	42383	陳文龍	1232～1277	46	元兵俘至合沙詩寄仲子	斗壘孤危勢不支，書生守志誓難移。 自經溝瀆非吾事，臣死封疆是此時。 須信興囚堪聲鼓，未聞烈士樹降旗。 一門百指淪胥盡，唯有丹衷天地知。

〔註21〕《東山志》宋亡，太后此去。謝緒嘆：「生不能圖報朝廷，恥食元祿。」即草一詩云云。書訖，赴水死。

〔註22〕《南宋書》：德祐二年正月，帝遣楊應魁上傳國璽，降表，削去帝號，帝后隨即北去。太皇謝后以病留長安，無何，元人舁其床以出，侍衛七十餘共赴燕。謝緒大慟，題詩二律畢，赴水死。

〔註23〕《江山縣志》：應鑣與子女誓共焚，祀岳飛祠曰：「天不祐宋，社稷為墟，應鑣死以報國。」作詩云云。

〔註24〕《縉雲縣志》卷八，成文出版社，頁887：臨刑聯云：「生平許國慚無補，化作東風掃虜塵。」

六十八	42869	邊居誼	?～1274		絕命詞	孤城高倚漢江秋，血戰三年死未休。鐵石肝腸忠義膽，精靈常向硯山留
六十八	42933	朱光	?～1276		被執口占	生爲大宋臣，死爲大宋鬼。一片忠義心，明月照秋水。
六十八	43029	文天祥〔註25〕	1236～1283	48	南安軍〔註26〕	梅花南北路，風雨濕征衣。出嶺同誰出，歸鄉如不歸。山河千古在，城郭一時非。飢死眞吾志，夢中行採薇。
六十八	43126	趙孟僩			臨終口占	王室之懿，文山之客。持此寸心，千古忠赤。
六十八	43130	趙淮	?～1276		辭家廟	祖父有功王室，德澤沾及子孫。今淮計窮被執，誓以一死報君。刀鋸置之不問，萬折忠義長存。急告先靈速引，庶幾不辱家門。
六十九	43470	韓希孟	1242～1259	18	練裙帶中詩	我質本瑚璉，宗廟供蘋蘩。一朝嬰禍難，失身戎馬間。寧當血刃死，不作衽席完。漢上有王猛，江南無謝安。長號赴洪流，激烈催心肝。
七十	43910	諸葛夢宇	?～1279		海邊僧寺絕筆	孤臣垂死愈心傷，捲土重來豈望還。萬里波濤鳴戰鼓，千年浩氣結浮山。魚龍亦解齊殊類，犬馬誰教到此間。留得御風魂不散，直須號哭叩天關。
七十	43986	徐崧	?～1276		絕命詩	成仁取義在於斯，一死君恩報未遲。杲日當空存正氣，狂瀾砥柱起常彝。孔明未復中原鼎，鵬舉空擎二帝旂。可恨奸回移宋祚，閽門屬鬼泣秦師。
七十	43990	朱宮人〔註27〕	?～1276		遺詩	既不辱國，幸免辱身。世食宋祿，羞爲北臣。妾輩之死，守於一貞。忠臣孝子，期以自新。
七十	43990	王氏	?～1277		題清風嶺崖石	君王不幸妾當災，棄女抛男逐馬來。夫面不知何日見，妾身還是幾時回。

〔註25〕黃瑩，《生的極限與超越——先秦至宋代臨終詩研究》，頁 715。註 1：文天祥在抗兒被俘押往大都期間，路過江西，江西盧陵爲文天祥老家，在踏上江西地界時文天祥開始絕食，他頂計走水路七八天可到達盧陵，到時餓死，可達到盡節家鄉，葬於故土的目的。

〔註26〕另有黃金市、萬安縣、泰和、蒼然亭、別里中諸友、發吉州、臨江軍共八首。

〔註27〕《西湖志餘》至元十一年，丙子二月，伯顏以宋謝全兩后以下北去，五月二日抵上都朝見，十二日夜，宋宮人陳氏朱氏與二小姬沐浴整衣，焚香縊死，朱氏遺四言詩于袖中。

						兩行怨淚頻偷滴，一對愁眉怎得開。 遙望家鄉何處是，存忘兩字苦哀哉。
七十	44063	盧氏〔註28〕			絕命詞	夫爲萇弘血，妾感共姜詩。 夫妻同死義，天地一淒其。
七十一	44654	鍾克俊〔註29〕	？～1276		句	自許此身埋漢土，終憐無淚哭秦廷。
七十一	44835	徐元娘	1261～1276	16	絕命詩二首	毓秀含華十六齡，慈幃口授十三經。 奇文不欲撐天地，大節偏教揭日星。 何姓移劉亡漢室，誰人復楚乞秦廷。 願從一死明忠孝，碧血應留萬古青。 弱質原歸玉女峰，家亡國破恨重重。 椿萱已遂抒忠願，昆弟先教殉難從。 熱血千年啼杜宇，寒泉三尺照芙蓉。 堪憐宮院齊收北，忍聽天朝長樂鐘。

〔註28〕《荊門紀畧》源救襄陽，陣歿，氏聞赴大慟，部署家事畢，焚香泣拜曰：「夫死王事忠也，妾敢不相從于地下。」遂賦此詩自縊死。

〔註29〕道光《贛州府志》卷五十二《鍾克俊傳》：「聞三宮北遷，糾集義旅勤王，知勢不可爲，登馬祖巖，遙望中原，白雲渺瀰，翠華不可復見，悲歌激烈，賦詩一章，有句云云，遂卦龍頭江死。」

附錄三　《全宋詩》道家及道教臨終詩作者列表

卷數	頁數	姓名	年代	卒年	詩　名	內　　容
一	229	魏元吉			頌	去來無蹤跡，大塊一飛塵。
一	583	古成之			臨卒書詩	物外乾坤誰得到，壺中日月我曾遊。 留今留古曾留得，一醉浮生萬事休。
三	1586	鄒希衍		90	辭世	戊亥重逢日，乾坤透迴時。 幻身今已脫，明日有丹梯。
三	1976	晏穎		18	臨蛻遺詩二首	兄也錯到底，猶誇將相才。 世緣何日了，了卻早歸來。 江外三千里，人間十八年。 此行誰復見，一鶴上遼天。
三	1995	諸葛賡	993～1077	85	偈	上天下地極高深，幻化無蹤何處尋。 山靜白雲歸洞口，水清明月落波心。
三	1998	曹文姬			送春	仙家無夏亦無秋，紅日清風滿翠樓。 況有碧霄歸路穩，可能同駕五雲遊？
七	4673	邵雍	1011～1077	67	病亟吟	生于太平世，長于太平世。老于太平世， 死于太平世。客問年幾何，六十有七歲。 俯仰天地間，浩然無所愧。
十	7067	王世寧			臨終作	翠羽旌幢仙子隊，紫雲樓閣玉皇家。 人間風雨易分散，回首五陵空落花。
十二	7999	陳景元	1030～1099	70	臨化作	昔之委和，今之蛻質。 非化非生，復吾眞宅。
十二	8372	劉季孫〔註30〕	1033～1092	60	詩三首	中宮在天半，其上乃吾家。紛紛鸞鳳舞， 往往芝朮華。揮手謝世人，聳身雲霞。 公暇詠天海，我非世人譁。 先都非世間，天神繞樓殿。高低霞霧勻， 左右龍蛇徧。雲車山岳聳，風颭天地顫。 從茲得舊渥，萬物毫端變。 從來英傑自消磨，好笑人間事更多。艮 上巽宮爲進發，千車安穩渡銀河
十八	12061	葉某			口占	明朝蓬島去，白雲滿頭飛。

〔註30〕宋周紫芝《竹坡詩話》：劉景文昔爲忻州守，間數日率一謁晉文公祠，必與神偶語，文公亦時時來謁。景文一日於廣坐中謂一椽曰：「天地當來召君，我亦當繼往。」已而椽果無疾而逝，劉亦相繼亡去。後一日，死而復甦，起作三詩，乃復就瞑。其詩云云。

二十二	14941	何示昭	1069～1119	50	臨終頌	五十年住人世，靈臺不染纖瑕。 壬午三更子時，天開萬里無霞。
二十三	15427	王道堅	？～1131		臨終詩	無心曾出岫，倦翮早知還。 為報長安使，休尋海上山。
二十四	15814	林靈素	1075～1119	45	頌	四十五歲勞生，浮名滿世崢嶸。 只記神霄舊路，中秋月上三更。
二十五	16478	薛道光	1078～1191	114	臨終頌	鐵馬奔入海，泥蛇飛上天。 蓬萊三島路，元不在西邊。
二十八	18303	陳楠	？～1213		尸解頌	頂上雷聲霹靂，混沌落地無蹤。 今朝得路便行，騎個無角火龍。
三十二	20275	王文卿	1093～1153	61	題棺木	我身是假，松板非真。 牢籠俗眼，跳出紅塵。
三十四	21516	馮觀國	？～1162		臨終頌	平生無町畦，任真但落魄。 爛醉是生涯，天地為棺槨。
三十七	23219	傅得一	1115～1188	74	臨終詩	平生膽氣清高，抱道長樂逍遙， 天地陰陽反覆，雲收霧捲丹霄。
三十七	23263	呂生	？～1176		偈（臨絕自書）	六十年來此地居，靈臺光耀勝冰壺。 一朝破屋遂傾倒，且喜家中事事無。
三十七	23386	紹興道者			偈	萬里雲歸洞，千山水向東。 玉爐香冷處，煙散碧霞中。
四十三	26872	朱道人	？～1187		臨終頌	我是殺心漢，從來無侶伴。 塵土不沾身，坐地教人看。
四十八	29879	醉道人			吳太守	暫別蓬萊海上遊，偶逢太守問緣由。身居北斗星杓下，劍挂南宮月角頭。道我醉來真個醉，不知愁是怎生愁。相逢何事不相認，卻駕白雲歸去休。
四十八	30370	張道成		77	臨終偈	七十四年命幻身，臨行動眾動群倫。 鳴鐘擊鼓渾閑事，一點圓明不動真。 咦！擘破乾坤一玄牝，擎將日影掛林梢。
五十	31347	鄒夢遇	？～1211		臨終歌	嘉木扶疏兮，鳥鳴關關。 暑風舒徐兮，庭中閒閒。 起視天字兮，浩乎虛澄。

五十三	32973	楊權	1162～1240	79	臨終偈	七十九年夢覺，五湖四海隨緣。 撥轉雲頭歸去，曉日東升赤然。
五十七	35689	朱眞靜	?～1243		臨終偈	去來如一，眞性湛然。 風收雲散，月在青大。
五十九	37225	謝方叔	?～1272		偈	罷相歸來十七年，燒香禮佛學神仙。 今朝雙鶴催歸去，一念無慚對越天。
六十	37854	孟琪			自頌	有生必有滅，無庵無可說。 踢倒玉崑崙，夜半紅日出。
六十五	40866	湯道亨		81	訣別偈	八十一年饒舌，終日化緣不歇。 重陽時節歸家，一路清風明月。
七十二	45317	上官道人			偈	處世紅塵五十八，混世獨存今始沒。 時人若問吾歸處，掃盡雲霞一輪月。

附錄四　《全宋詩》未分類臨終詩作者列表

卷數	頁數	姓名	年代	卒年	詩　名	內　　　容
一	295	王處厚			遊古陌吟	誰言今古事難窮，大抵榮枯總是空。 算得生前隨夢蝶，爭如雲外指冥鴻。 暗添雪色眉根白，旋落花光臉上紅。 惆悵荒原懶回頭，暮林蕭索起悲風。
二	841	李瀆	957〜1019	63	句	行到水窮處，未知天盡時。
二	989	任玠〔註31〕	？〜1018		句	春風天遠望不盡
三	1499	釋智圓	976〜1022	47	挽歌詞三首	平生宗釋復宗儒，竭慮研精四體枯。 莫待歸全寂無語，始知諸法本來無。 蕭蕭墓後千竿竹，鬱鬱墳前一樹松。 此處不須兄弟哭，自然相對起悲風。 莫談生滅與無生，謾把心神與物爭。 陶器一藏松樹下，綠苔芳草任縱橫。
三	1730	王寂		33	歌	人間冉冉混塵埃，身後身前事莫猜。 早悟勞生皆是夢，當時悔向夢中來。 當年壯氣譄如虹，回首都歸含笑中。 群玉峰前好歸路，可憐三十二秋風。
八	5031	元陟		34	臨終作	青靄千峰暝，悲風萬古呼。 其誰挂寶劍，應有奠生芻。 皎月東方隴，長松半蟄枯。 山泉吾所愛，聲到夜臺無。
十五	10439	鄭俠	1041〜1119	79	臨終作	似此平生只藉天，還如過鳥在雲邊。 如今身畔渾無物，贏得虛堂一枕眠。
十九	12980	釋若愚	1055〜1126	72	臨終偈兩首	本自無家可得歸，雲邊有路許誰知。 溪光搖落西山月，正是仙潭夢斷時。 室裡千花羅網，夢中七寶蓮池。 踏得西歸路穩，更無一點狐疑。

〔註31〕《澠水燕談錄》卷六：蜀人任玠溫如，晚寓寧州府宅。一夕夢一山叟貽詩曰：「故國路遙歸去來。」玠和之云云。既覺，自笑曰：「吾其死乎！」數日，果病而逝。

二十二	14516	許安仁			夢中作	山色濃如滴，湖光平如席。 風月不相識，相逢便相得。
二十二	14395	周濱			臨終與蔡氏甥	三舅報無常，諸甥腳手忙。 熟搯三挺皂，爛煮一鍋湯。 垢膩從君洗，形骸任爾扛。 六釘聲寂寂，千古路茫茫。
二十四	16175	崔婆	1077～1148	72	臨終偈	西方一路好修行，上無條嶺下無坑。 去時不用著鞋襪，腳踏蓮花步步行。
三十三	20774	朱槔			自作挽歌辭	憂幽坐南軒，萬壑取我囚。疾雷且不聞， 焉知草蟲愁。強顏理編簡，閱也如東流。 滔滔竟不返，誰復操戈矛。天涯念孤姪， 攜母依諸劉。書來話悲辛，心往形輒留。 先塋託仙峰，山僧掃梧楸。二女隨母住， 外翁今白頭。伯氏尙書郎，名字騰九州。 仲兄中武舉，氣欲無羌酋。棣華一朝集， 荊樹三枝稠。堂上相繼去，遺我歸山丘。 漆園夢方覺，白衣雲正浮。憑陵若蹈空， 何處停華輈。故鄉豈不懷，屋食良易謀。 自我識興廢，於天無怨尤。平生喜聞詩， 此詩當挽謳。不須生芻奠，君從二兄游。
三十三	21282	李衡	1100～1178	79	偈	竿木隨身得自由，應緣已畢復何求。 翛然來往等孤雁，影落寒潭迹不留。
四十七	29655	馬登	？～1198		今日	載記編爲令，今朝是暮春。 燕飛高雁塞，魚躍過龍門。 雨大添泥濘，風淸減浪痕。 鳥啼花濕濕，江日未騰輪。
六十四	40396	張淵微 僕母			戒惜字紙	萬般諸字文，卽與藏經同。 安在不淨處，墮在廁中蟲。
六十八	42867	賈雲華			永別 八首〔註32〕	自從消瘦減容光，雲雨巫山枉斷腸！ 獨宿孤房淚如雨，秋宵只爲一人長。
七十一	45041	釋成明			別師	劫火燒成烈焰城，煎熬無計拯眾生。 請師少念淸涼境，此是西天第一程。
七十一	45049	朱池 寺僧			絕句	孤燈寂寂夜堂深，寒雨瀟瀟響竹林。 文底浮生只如此，不須哀怨動悲音。

〔註32〕另有七首從略。

附錄五　唐及五代臨終偈禪師法系表

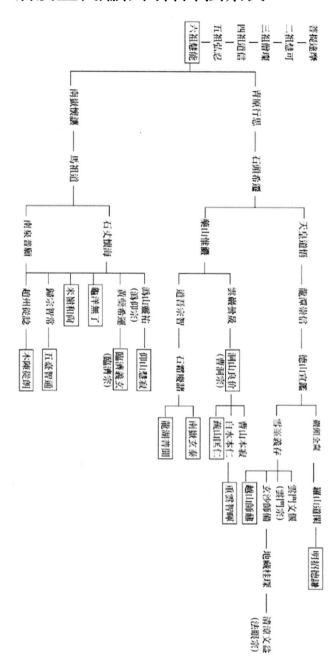

附錄六　宋代禪宗臨終偈作者時代列表

	北　宋	南　渡	南　宋	遺民	小計
法眼宗	釋遇安				1
臨濟宗	省念、王隨、楊億、谷泉、省回、源禪師、淨端、眞如	慧素、道瓊			10
曹洞宗	警玄、道楷	正覺、景深、智朋、齊禪師	如淨		7
雲門宗	雲豁、曉聰、義懷、倚遇、法泉、法明、楊傑	祖鏡、廣燈、尼法海			10
臨濟宗黃龍派	慧南、克文、慧元、慶閒、慧日庵主、悟新、張商英、從悅、普交、系南、梵卿、守卓	淨曇、妙普庵主、法一、道震、咸靜、宗印、祖珍、智策、宗回			21
臨濟宗方會派		道初、清素、慧遠、李彌遜、智才、士珪、法忠、道行、世奇、馮楫、師體、淵、宗杲、鼎需、印肅、葛郯	道濟、師觀、慧開、普濟、祖先、崇嶽、慧性、師範、道沖、智愚、普度	原妙	28
不詳	清豁、玄應、自在、智孜、知慎、儼和尚、張宗旦、米芾	顯嵩、慧昌、淨元、了證、晏和尚、邛州僧、子深、宗本、淨如	寶曇、法祚、法慈、德輝、王柟、普濟、文雅、淨眞、王老者、法照、趙希彰、文頎、行元、李智遠、妙印、元聰、淨慈東叟	清溪沇禪師、義翔、如禪師	37
小計	38	43	29	4	114

附錄七　宋代禪宗臨終偈書寫歷程表

典　籍	姓　名	年齡	預知時至	辭世原因	書偈前描述	書偈後描述	身後描述
《五燈會元》卷八	釋玄應	66	前七日	將順世	書辭陳公，仍示偈云云。	期戒門人，不得喪服哭泣。言訖而寂。	
《五燈會元》卷八	釋清豁			忽捨眾	欲入山待滅，謂門人曰：「吾滅後將遺骸施諸蟲蟻，勿置墳塔。」	言訖入湖頭山，坐磐石，儼然長往。	延留七日，竟無蟲蟻侵食，遂就闍維，散於林野。
《五燈會元》卷十	釋遇安	72		將示寂	說偈付囑，沐身易衣安坐，令舁棺至室。自入棺，經三日弟子啓棺，見其吉祥而臥，四眾哀慟，師再起，陞堂說法。	言訖，復入棺長往。	
《五燈會元》卷十一	釋省念	68	前一年說偈		上堂辭眾	言訖安坐，日將昳而逝。	茶毗收舍利建塔。
《五燈會元》卷十五	釋雲豁	77			示寂日爲眾說偈。	瞑然而逝。	茶毗獲舍利建塔。
《禪林僧寶》卷十三	釋警玄	85	前三日陞座辭眾		以偈寄王曙侍郎	停筆而化	
《五燈會元》卷十五	釋曉聰			一日不安	上堂辭眾	言訖而寂。	塔於金剛嶺
《五燈會元》卷十一	王隨	67			臨終書偈		
《五燈會元》卷十二	楊億	74		公因微恙	問環大師，並書偈遺李都尉。	尉即至，公已逝矣。	
《禪林僧寶傳》卷十五	谷泉	92		男子冷清妖言誅，泉坐清，決杖配郴州牢城。	盛暑負土經通衢，弛擔說偈云云。	言訖微笑，泊然如蟬蛻。	闍維舍利不可勝數。郴人塔之，至今祠焉。
《五燈會元》卷十二	釋省回	92			淨髮、沐浴，辭眾說偈。	言訖坐逝。	茶毗齒頂不壞，上有五色異光。
《五燈會元》卷十六	釋義懷	72		以時至當行	說偈後就寢	推枕而寂	塔全身寺東之原

《五燈會元》卷十七	釋慧南	67			上堂說偈	翌日午時，端坐示寂。	闍維得五色舍利，塔于前山。
《五燈會元》卷十六	釋倚遇	77	將化前一日	作偈遺徐禧	以院務誠知事	遂擲杖投牀，枕臂而化。	
《五燈會元》卷十六	釋法泉			奉詔住大相國智海禪寺	問眾去留，師索筆書偈。	書畢坐逝	
《青瑣高議》別集卷六	釋自在			自在不修寺宇。邑尉宿於寺，責之不恭，將罪之。	自在言是法平等，無有高下。尉知自在奇異，證之上座。師復爲尉敷演百種法。	翌日，尉去，題於壁云云，奄然坐亡。	
《清江三孔集》卷十四	張宗旦		前卒之兩月，以書告訣于親識。	病	大書三十二字以示之，已而改其卒句曰「春風曉雪」	投筆而絕	
《五燈會元》卷十二	源禪師				忽書偈云云	擲筆而逝。	
《五燈會元》卷十七	釋克文	78		示疾	出道具散諸徒。翌日中夜，沐浴更衣趺坐，眾請說法，示偈及遺戒弟子皆宗門大事，不及其私。	言卒而歿	火葬，焰成五色，煙所至處，皆設利。分骨塔于泐潭、新豐。
《五燈會元》卷十七	釋慶閑	53		因病將示寂	遺偈	泊然坐逝	俾畫工就寫其眞，首忽自舉，闍維後有舍利。〔註33〕蘇子由作記。〔註34〕
《五燈會元》卷十六	楊傑						
《禪林僧寶傳》十九	釋淨端	72		病牙久不愈	謂眾曰明日遷化去，眾以爲戲語，請說偈，端索筆大書云云。	五更遂化	
《五燈會元》卷十二	釋眞如			無疾	說偈	別眾趨寂	闍維舍利斗許，大如豆。目睛齒

〔註33〕闍維日，雲起風作，飛瓦折木，煙氣所至，東西南北四十里。凡草木沙礫之間，皆得舍利如金色，計其所獲幾數斛。

〔註34〕蘇子由疑其事，方臥痁，夢有呵者曰：「閑師事何疑哉！疑即病矣。」子由夢中作數百言，其銘略曰：「稽首三界尊，閑師不止此。憫世狹劣故，聊示其小者。」子由知言哉。

								爪不壞。門弟子分塔于京潭
《永樂大典‧臨汀縣志》	釋智孜					一日書偈	揖眾櫓衣端坐而逝	
《禪林僧寶傳》卷二十九	釋慧元					陞座說偈	言訖而化	遺言葬于峴山之陽
《蘇軾詩集》	釋知愼					送客出門還入丈室	燕坐而寂。	
《五燈會元》卷十八	慧日庵主					忽語邑人曰明日行腳，於是費路者畢集，師笑不已。眾問其故，即書偈。	投筆而逝	
《繁昌縣志》十三	儼和尙					示寂遺偈		
《五燈會元》卷十四	釋道楷	76				索筆書偈	移時乃逝	
《五燈會元》卷十六	釋法明		前一日			翌晨攝衣就座，大呼曰：「吾去矣，聽吾一偈。」	言訖寂然，撼之已委蛻矣。	
《五燈會元》卷十六	釋祖鏡					陞座召大眾，晨起戴樺皮冠，披鶴氅，執象簡，穿朱履，使擊鼓隻眾。陞座召大眾說偈。	擲下拄杖，斂目而逝	
《五燈會元》卷十七	釋悟新	72				臨寂示偈		茶毗設利五色，後有過其區所者，獲之尤甚‧塔于晦堂丈室之北
《五燈會元》卷十八	張商英	81				口占遺表，命子弟書之。俄取枕擲門牕上，聲如雷震。	眾視之，已薨矣。	
《五燈會元》卷十七	釋從悅	48				沐訖集眾說偈	奄然而逝	其徒欲遵遺誡，火葬捐骨江中。張商英塔於龍安之乳峰。
《五燈會元》卷十八	釋普交	77				沐浴，陞堂說偈	脫然示寂	
《五燈會元》卷十八	釋系南	45				臨示寂，陞座告眾云云。	乃歸方丈，跏趺而逝。	

《語林》	米芾〔註35〕		更衣沐浴，焚香清坐。	舉拂示眾云云。	
《嘉泰普燈錄》卷六	釋梵卿			說偈	言訖，脫然坐逝。	容止安詳
《嘉泰普燈錄》卷五	釋廣燈			令集眾，敘平昔參問，勉眾後引筆書偈。	置筆而逝	
《五燈會元》卷十九	釋道初			一日謂眾曰云云，謂眾曰此是末後句。	有頃，脫然而逝。	
《五燈會元》卷十六	尼法海			殂日說偈	屈明坐脫	
《五燈會元》卷十四	齊禪師			示寂日說偈遺眾		
《輿地紀勝》一五九	釋顯嵩			集眾告以將逝，作頌云云，	端坐而寂	
《長靈守卓禪師語錄·行狀》	釋守卓	59	示寂前兩日	上堂，激切勸戒學者。	奄然示寂	
《五燈會元》卷十九	釋智才	72	八月望俄集眾付寺事，乃書偈。	二十三日，再集眾示問。	言訖釅然而逝。	火浴獲設利五色，併靈骨塔於寺之西北隅。
《五燈會元》卷十八	釋咸靜	71	示微疾	書偈云云	置筆而逝	
《五燈會元》卷十八	釋宗印			一日普說罷，更說一頌。	言訖下座，倚杖而逝。	
《永樂大典》	釋慧昌			一日陞堂示眾云云	奄然而逝	
《五燈會元》卷十八	妙普庵主	72	造大盆，修書寄雪寶持禪師告之曰將水葬矣雪寶持至嘲其尚存。於是令編告四眾。	說法要及說偈	盤坐盆中，順潮而下。取塞戽水而回。復乘流而往。唱曰：「船子當年返故鄉，沒蹤跡處妙難量。真風遍寄知音者，鐵笛橫吹作散場。」以笛擲空而沒。	後三日於沙上趺坐如生，道俗迎歸。留五日，闍維，設利大如菽者莫計。二鶴徘空，眾奉設利靈骨，建塔于青龍。

〔註35〕《語林》：元章晚年學禪有得，卒於淮陽軍。先一月區處家事，作親友別書，盡焚其所好書畫奇物，預置一棺，坐臥飲食其間。前七日不入葷，更衣沐浴，焚香清坐。及期，遍請郡僚，舉拂示眾曰：「眾香國中來，眾香國中去。」擲拂合掌而逝。」

《金文最》卷110《長清靈嚴寺妙空禪師塔銘》	釋淨如			作頌辭眾	
《春渚紀聞》卷四	釋淨元			集眾說偈	安坐而化
《嘉泰普燈錄》卷十一	釋清素		得微疾	書偈遺眾	竟爾趨寂
《五燈會元》卷十二	釋慧素	79		沐浴趺坐，書偈。	儼然而逝
《永樂大典》	釋了證			送客出洞，歸謂侍者曰緣盡，當緊鍬草鞋為別。侍者請益堅，為強草大字云。	擲眾趺坐而逝
《五燈會元》卷二十	世奇首座		學者力請，不容辭。	因說偈云云，眾罔措。	師喝一喝而終。
《僧寶正續傳》卷六	釋道震		前一日辭眾	示微疾	集眾，左右固請留頌，命筆書曰云云。	奄然而寂	端坐三日，顏貌如生。闍維日，雲慘風悲，草木變色。煙焰所及悉綴舍利。塔於寺之西崦。
《五燈會元》卷十二	釋道瓊			迎為第一祖	仍書偈囑慧山，顧專使曰：「為我傳語侍郎，行計迫甚，不及修答。」	聲絕而化
《嘉泰普燈錄》卷十六	釋士珪		前一日召法屬付後事		沐浴更衣，申令聲大鐘，亥至，眾集處就坐，汨然趨寂。	汨然而逝	茶毘獲舍利，奉靈骨塔於鼓山。
《寶慶四明志》卷九	釋法忠				令集眾囑付	引筆書偈而寂
《五燈會元》卷十八	法一禪師	75		忽示微疾	書偈云云	入龕趺坐而逝
《續高僧傳》卷十	釋祖珍				將化說偈		茶毘獲舍利，瘞於法石。
《邵武府志》	釋宗本					
《太平府志》卷三十四	晏和尚			一日，與鄉里夏叟辭，夏入城留飲，至則坐化矣。		夏捧誦嘆恨亦坐亡

《五燈會元》卷十九	李彌遜	65		忽一日示微恙	遽索湯沐浴畢，遂跌坐作偈。	擲筆而逝	
《五燈會元》卷二十	釋道行	63		示疾	門弟子至，示以偈，黎明沐浴更衣。	跏趺而逝	闍維五色設利，煙所至處欝然，齒舌不壞，塔於寺之西。
《五燈會元》卷十九	釋宗杲	75	（前一日）翌日始行	一夕星殞于寺西，流光赫然，尋示微恙。	親書遺奏，又貽書辭紫巖居士。侍僧了賢請偈，師厲聲曰：「無頌便死不得也。」乃大書。	擲筆委然而逝	平明有蛇尺許，腰首白色，伏于龍王井欄，四眾哀號，皇帝聞而歎惜。上製師眞贊。〔註36〕塔全身於明月堂之側。
《五燈會元》卷十八	釋宗回			寺僧以茶禁聞有司，吏捕知事。	令擊鼓陞座，說偈云云。	言訖而逝	
《五燈會元》卷十四	釋景深	63		示微恙	爲眾小參，仍說偈曰云云。	歛目而逝	
《五燈會元》卷十八	釋淨曇	66			辭朝貴歸付院事，四眾擁視，揮扇久之，書偈曰云云。	收足而化	火後設利如霰，門人持骨，歸阿育王山建塔。
《五燈會元》卷十四	釋正覺	67	九月辭越帥趙公令，與之言別。		沐浴更衣，端坐告眾，顧侍僧索筆作書遺育王大慧禪師，請主後事並書偈。	擲筆而逝	龕留七日，顏貌如生。奉全軀塔于東谷。
《嘉泰普燈錄》卷十八	釋鼎需				語門弟子：「吾世緣盡矣。」遂書偈。	言畢而逝	
《夷堅三志辛》卷四	邛州僧			被誣不軌，受鞫即承，遂伏法。	乃口占云云		
《五燈會元》卷二十	馮楫		秋，乞休致，預報親知，期以十月三日報終。		至日，令後廳踞高座，囑諸官吏及道俗，各宜向道，遂拈拄杖按膝，蛻然而化。漕使請留一頌，張目索筆書偈。	竟爾長往	

〔註36〕曰：「生滅不滅，常住不住。圓覺空明，隨物現處。」

《五燈會元》卷二十	釋淵				師臨示寂，上堂拈杖示眾云云。	言訖，倚仗而逝。	
《五燈會元》卷十四	釋智朋			建康以清涼挽之	作偈送使者	未幾而終	
《五燈會元》卷十九	釋慧遠	74	乙未秋示眾來年正月半	忽感微疾	果以上元揮偈	安坐而化	留七日，顏色不異。塔全身於寺之烏峰。
《五燈會元》卷二十	釋師體	72		示微疾	書偈辭眾	擲筆示寂	
《夷堅志支庚》	釋子深				鳴鼓集眾，端坐索紙筆書偈。	擲筆而逝	
《普庵印肅禪師語錄》	釋印肅	55			索筆書偈於方丈西壁	跏趺而逝	奉全身於塔
《五燈會元》卷十八	釋智策	76		師將示寂	陞座別眾，囑門人以文祭之，沐浴更衣，集眾說偈云云。	俄頃，泊然而逝。	塔全身於東崗之麓。
《五燈會元》卷二十	葛郯			感疾	一夕忽索筆書偈云云。召僚示之生死之道。	端坐而化	
《寶慶》四明志卷九	釋寶曇	69			臨行頌曰云云。		
《松源和尚語錄》	釋崇嶽	71		俄屬微疾	因書偈	跏趺而寂	奉全身於塔
《後樂集》	釋元聰	74		示若有疾	辭眾書偈	遂擲筆趺化	
《破菴和尚語錄》	釋祖先	76	蓋知時節將至也	脾疾	書偈云云	端坐而化	茶毗入塔
《太平府治》三十四	釋法祚	77		一日忽書頌	書畢而逝		
《補續高僧傳》卷二十四	釋法慈				時方盛暑，即令左右具湯沐，澡畢易潔衣端坐，其徒歟忽請留頌。	語僅脫口而逝	
《錢塘湖隱濟顛道濟禪師語錄》	釋德輝	63			其辭世偈云云，預書壁間。		
《月林師觀禪師語錄》	釋師觀	75	以桂花開時當行	有疾	侍僧請留偈，師即書云云。	書罷，放筆而逝。	闍維煙霧結如臺蓋，舍利無數，皆成五色，塔以藏其骨。

《濟顛道濟禪師語錄》	釋道濟	62		病勢轉加	燒湯洗浴，寫下一絕。	下目垂眉，圓寂去了。	闍維，舍利如雨，入塔。
《野客叢書》	王楙	63		晚年得拘攣之疾	作詩一絕	擲筆而逝	
《如淨禪師語錄》	釋如淨	66		感疾	到涅槃堂拈出師承，並書辭世頌。		
《無明慧性禪師語錄》	釋慧性	76		感微疾	譚笑卻藥，書偈辭眾。	投筆澡浴趺坐而逝。	茶毗。舍利珠貫雪骨。奉鬚髮歸故里。
《痴絕道沖禪師語錄》	釋道沖	82	三月六日知以十五即行	疾病	寺僧請偈	起坐移頃而逝	茶毗舍利五色粲然，奉骨歸葬金陵。
《無準師範禪師語錄》	釋師範	73			其徒以遺偈爲請，乃執筆疾書云云。	移頃而逝	奉全身於塔
《永樂大典·臨汀志》	釋普濟				一日忽寫偈	遂趺坐示寂	
《永樂大典·臨汀志》	釋文雅				一日忽忽沐浴更衣遺偈云云	趺坐而化	
《補續高僧傳》卷二十	釋淨眞			因錢塘江壩毀，捐身益物。	以偈呈安撫使趙端明	遂投身於海，三日而返，復投於海。	敕賜護國淨眞法師，立祠於杭之會祠。
《靈隱大川普濟禪師語錄》	釋普濟	75			以偈示門人於火葬後的遺骨投擲在江中。眾人仍哭著請求再遺一偈。	擲筆而化	前資尹趙公捐錢幣令爲普濟建塔於寺的西麓。
《無門慧開禪師語錄》	釋慧開	78			書辭世偈	書偈畢跏趺而逝	
《隱居通議》十	王老者	86			忽呼其子，告以欲歸，令代書豆腐詩。	言訖坐化	
《虛堂智愚禪師語錄》	釋智愚	85		忽感微疾	越二日，書偈沐浴。	端坐而逝	奉全身於塔
《新續高傳四集》卷三	釋法照	89		示疾	移居塔院，卻藥屏醫，作文自祭，中秋之夕，書偈云云。	擲筆端坐而逝	
《柳堂外集·石霜竹虛印禪師塔銘》卷四	釋妙印	69			手書四句偈	示寂	

《虛舟普渡禪師語錄》	釋普度	82		俄示微恙	遽索筆大書曰云云	怡然趺坐而化	塔全身於罘罳塢
《環溪唯一禪師語錄》	釋淨慈東叟				索浴易衣	趺坐而逝	
《隨隱漫錄》卷三	趙希彭	62		別親友，理家事。	遺偈	端坐而逝	
《宋詩紀事》卷九十三	釋文顥			示疾	一日，忽作偈，盡焚詩稿，七日而化。		
《永康縣志》十一	釋行元				作偈云云	放筆趺坐而逝	
《隨隱漫錄》卷一	清溪沅禪師	67			遺偈	坐亡	
《松風餘韻》卷二	李智遠	43			忽沐浴冠裳，斂身危坐。	手書一詩而逝	
《高峰原妙禪師語錄》	釋原妙	58		胃疾	付囑後事，書偈後泊然而逝。	弟子尊遺命，全身歸葬在死關。	
《輿地紀勝》卷五	僧義翔				忽封鐍其室	跏趺籠中	
《五燈會元》卷六	如禪師			嵩禪師以詩悼之	舉筆答詩	投筆坐亡	

附錄八　宋代臨濟宗臨終偈禪師法系表

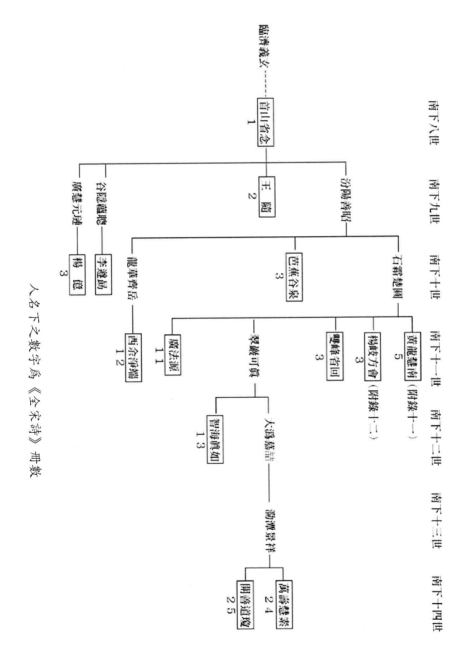

人名下之數字為《全宋詩》冊數

附錄九　宋代曹洞宗臨終偈禪師法系表

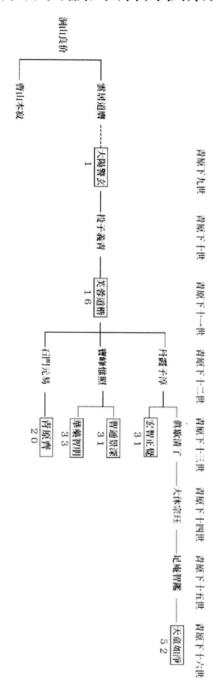

附錄十　宋代雲門宗臨終偈禪師法系表

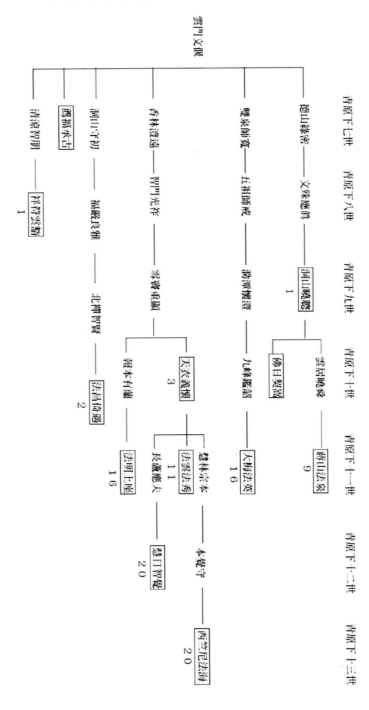

附錄十一　宋代臨濟宗黃龍派臨終偈禪師法系表

南嶽下十一世　　南嶽下十二世　　南嶽下十三世　　南嶽下十四世　　南嶽下十五世　　南嶽下十六世

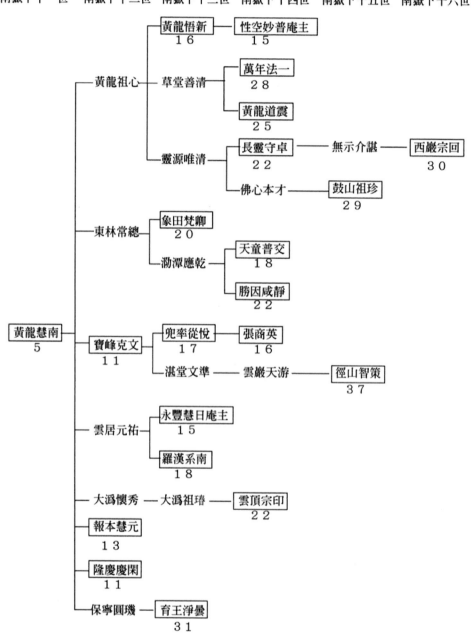

附錄十二　宋代臨濟宗楊岐派臨終偈禪師法系表

南下十一世　南下十二世　南下十三世　南下十四世　南下十五世　南下十六世　南下十七世　南下十八世

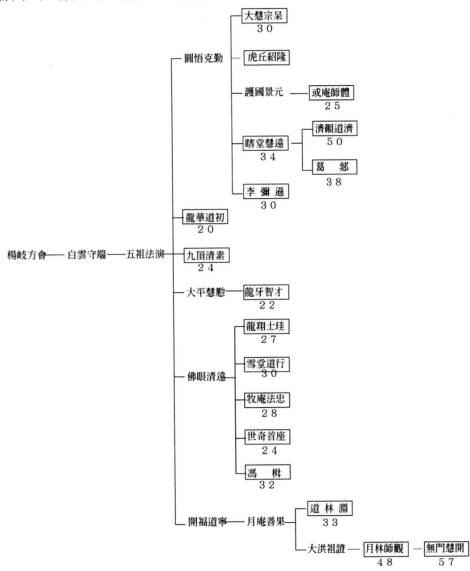

附錄十三 宋代臨濟宗楊岐派大慧宗杲法系臨終偈禪師法系表

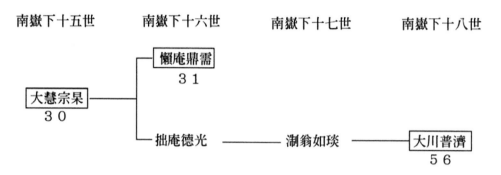

附錄十四 宋代臨濟宗楊岐派虎丘紹隆法系臨終偈禪師法系表

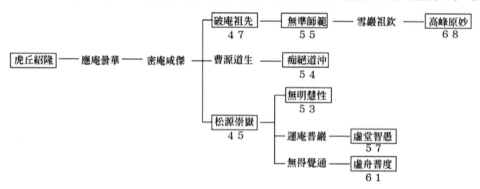